조선대학교 재난인문학연구사업단
재난인문학 번역총서 08

감염병의 중국사

공중위생과 동아시아

KB180518

* 이 책은 2019년 대한민국 교육부와 한국연구재단의 지원을 받아 수행된 것임.
(NRF-2019S1A6A3A01059888)

조선대학교 재난인문학 번역총서 08

감염병의 중국사

공중위생과 동아시아

조선대학교 재난인문학연구사업단 기획

이이지마 와타루(飯島 涉) 지음 / 이석현 옮김

역락

범례

외국어 사료나 문헌의 인용은 특별한 언급이 없는 한 저자에 의한 번역이다.

인용은 옛글자는 새 글자로, 옛 가나는 새 가나로, 가타카나는 히라가나로 바꿨다. 인용 내의
[   ]는 인용자에 의한 주이다.

루비는 인용을 포함해 적당히 흔들었다.

인용에는 현대에는 부적절한 표현도 포함되어 있으나 역사적 문맥을 나타내는 의미에서 그대
로 두었다.

경칭은 생략했다.

역자 범례

독자의 이해를 돕기 위해 역주를 추가했으며, 그 내용에 대한 책임은 역자에게 있다.

서양인 인명의 경우 이해를 돕기 위해 확인을 거쳐 로마 알파벳 표기를 추가했다.

인명, 지명은 해당국 발음으로 표기하였으며, 필요한 경우 한자를 부기했다.

일본인 인명 중 원서에 인명 표기가 부기된 것은 그 표기대로 했다.

　　햇수로 4년, 코로나19 팬데믹이라는 긴 터널을 지나오는 동안 우리는 너무나 자연스럽게, 인류가 공동으로 경험하였거나 역사서 속에 기록된 특정 감염병의 시대를 소환해 내었던 듯하다. 어느 일정한 시기, 엄청난 재난이자 재앙의 수준으로 확대되었던 감염병으로는 어떤 것이 있었으며, 그것은 또 어떻게 한 국가 안에서, 아니면 멀리 국경을 넘어 지리적, 공간적 확산을 했던 것일까? 치명적인 감염병이 초래한 사회, 경제적 영향은 어떠했으며, 그러한 감염병의 위협에서 벗어나기 위한 국가와 공동체의 대응 방안은 또 어떠했을까 하는 것이 소환의 주요 내용이었음은 물론이다. 이와 같은 문제들이야말로 '동아시아 재난의 기억, 서사, 치유-재난인문학의 정립'이라는 우리 재난인문학연구사업단의 아젠다와 밀접한 관련이 있는 주제인바, 또 한 권의 번역서가 우리 사업단의 번역총서 가운데 한 권으로 자리매김하게 된 것을 매우 뜻깊게 생각한다.

　　번역총서 『감염병의 중국사』는 일본 아오야마학원대학(青山学院大学) 문학부 교수이자 동아시아 의료사 연구자인 이이지마 와타루(飯島 渉) 씨의 책 『感染症の中国史』를 우리말로 옮긴 것으로, 19세기 말 이후 일본 제국주의 식민의학의 일환으로 전개되었던 중국의 감염병 대책에 초점이 맞추어져 있다. 역자의 소개를 통해 알 수 있는 바와 같이,

한 세기 전 동아시아에서 전개되었던 감염병 대응의 모습이 현재의 그 것과 상당 부분 궤를 같이하고 있음을 확인할 수 있게 해 준다는 점에서 코로나19라는 새로운 감염병 시대를 살아가고 있는 오늘의 우리에게도 시사하는 바가 크다고 할 수 있다. 특히 이 책은 제국주의 침략과 지배하의 만주와 대만, 이후 중국 본토에서 이루어진 공중위생 정책의 전개, 사회주의 중국에서 진행되었던 감염병 퇴치의 모습 등을 구체적으로 기술하고 있다는 점에서 동아시아를 시공간으로 하는 우리 재난인문학의 사유 대상으로서도 매우 중요한 의미를 지닌다고 할 것이다.

자주 느끼는 바이지만 언어의 경계를 넘는 번역 작업은, 특히 전공이 아닌 언어를 대상으로 하는 작업은 엄청난 수고와 노력이 따르는 외로운 일에 해당한다고 할 수 있다. 오랜 시간 혼자서 작업에 매진하느라 힘들었을 이석현 선생님께 심심한 위로와 감사의 뜻을 전한다. 늘 막바지에 이르러 편집과 총서 간행 작업을 채근하는 몰염치를 넓은 마음으로 용서해 주고 있으신 역락 출판사의 이대현 사장님과 이태곤 이사님, 편집부의 선생님들께는 더 큰 감사의 뜻을 전하는 바이다.

총 7년의 사업 기간 중 5년이라는 기간을 보내고 있는 셈이니 2년여 밖에 남지 않은 시간이 한없이 아쉽기만 하다. 남은 기간, 충실한 마무리를 위해 다시 한번 신발 끈을 단단히 매고자 한다. 마침 푸른 용의 해이니, 뭔가 새로운 길이 열리지 않을까 기대해 본다.

2024년 1월
조선대학교 인문학연구원 재난인문학연구사업단장
강희숙 씀

서문

이 책은 감염병의 유행이라는 시각에서 중국과 동아시아의 역사, 특히 19세기부터 20세기의 역사를 읽어내려는 시도이다.

중국과 동아시아 역사에서 감염병의 충격은 지금까지 그다지 의식되지 않았다. 하지만 중국에서 기원한 페스트가 글로벌화되었고, 일본을 비롯한 여러 나라에도 감염이 확산되면서 전 세계적으로 다양한 영향을 준 적이 있었다. 감염병은 우리가 상상하는 것 이상으로 훨씬 큰 충격을 중국이나 동아시아 역사에 가져다주었다.

이는 최근 인플루엔자나 2003년 SARS(Severe Acute Respiratory Syndrome 중증급성호흡기증후군)를 둘러싼 상황을 보면 쉽게 상상할 수 있을 것이다. 이 책에서 거론하는 페스트, 콜레라, 말라리아, 일본주혈흡충증 등은 모두 원생 동물·세균과 바이러스를 원인으로 하는 감염병이다.

특정 시기에 많은 사람들이 동시에 걸리는 감염병을 역병이라고 부른다. "역병의 학문은 곧 인류문화의 역사와 밀착하며 서로 떨어질 수 없다"는 명언이 있다(富士川游 『日本疾病史』). 감염병은 사회의 방식과 깊이 관련되면서 정치·경제·문화에 큰 영향을 미쳐 왔다. 이는 감염병의 유행을 단순히 의학적인 문제로만 생각할 수 없음을 보여준다. 중국에서도 마찬가지였다. 중국의 감염병 유행에는 그때마다의 정치와 사회의 모습이 짙게 반영되어 있다.

제1장에서 다룰 페스트는 중국 남서부 윈난 기원 감염병으로 광둥성 전역 유행을 거쳐 19세기 말 홍콩에서의 유행을 계기로 세계화되었다. 일본을 포함한 동아시아, 하와이·북미, 나아가 동남아시아, 인도에서 아프리카로 감염이 확대되어 세계에 큰 충격을 주었다. 청일전쟁의 결과 일본의 식민지가 된 대만에서도 페스트가 유행했다. 이것은 잘 알려지지 않은 것이지만, 페스트의 유행은 일본의 대만통치 방향을 결정하는 것으로 되었다.

20세기 초 중국 동북부, 당시의 호칭으로 언급하면 만주에서도 대규모 페스트의 유행이 있었다. 페스트는 시베리아 철도와 남만주 철도(만철)를 통해 확산되었고, 청조 정부가 대책을 추진하면서 여러 나라에서 학자들을 초청하여 국제 페스트 회의를 개최하였다. 이 회의는 감염병 대책을 위한 국제적인 대응에 선구자적 역할을 했지만, 동시에 만주를 둘러싼 열국의 패권 경쟁을 한 것이기도 했다.

제2장에서는 페스트 유행에 대한 대책이 진행되는 가운데, 중국에서도 공중위생이 정비되어 가는 과정을 다룬다.

여기서 주목되는 것은 중국이 공중위생을 확립하기 위한 모델로 삼은 것이 일본이라는 점이다. 일본은 19세기 중반부터 서양 의학에 근거한 공중위생 제도를 도입하였다. 이런 제도는 국내뿐만 아니라 대만과 만주에도 도입된다. 이런 가운데 확립된 일본 모델이 중국의 공중보건의 모델이 된 것이다.

제3장에서는 중국 역사와 큰 관련이 있는 세 가지 감염병을 다룬다.

콜레라는 인도 기원의 감염병으로 1817년 벵골 지방에서의 유행한 후 순식간에 동남아시아에서 동아시아, 또 중동에서 유럽으로 퍼졌다. 콜레라는 통합되고 있던 19세기 세계를 상징하는 감염병의 하나이다. 그리고 중국에서의 사망 원인으로 가장 중요한 질병이다.

　말라리아는 열대 질병으로 독자 여러분도 그 이름을 들어본적 있을 것이다. 하지만 해외여행을 제외하면 감염될 위험은 거의 없다고 생각하고 있을 것이다. 확실히 말라리아는 열대 지역에 많이 발생하는 감염병이다. 이 때문에 제2차 세계대전 중에 일본군을 비롯한 많은 병사들이 말라리아로 목숨을 잃었다. 그러나 역사를 읽다 보면 말라리아가 일본 열도에서도 유행했고, 동아시아에서는 특히 중국 남부와 윈난, 대만, 그리고 오키나와에서도 많이 유행했음을 알 수 있다. 말라리아 유행은 논농사로 상징되는 농업의 방식 및 사람들의 라이프스타일과 깊은 관련이 있다.

　일본주혈흡충증, 아마 많은 여러분이 이 감염병의 이름을 처음 들었을 거라고 생각된다. 일본 주혈흡충증은 이름 그대로 일본 야마나시현山梨県 고후甲府 분지와 규슈九州 지쿠고筑後川 강 유역, 히로시마현広島県 가타야마片山 지방 등에서 에도 시대 무렵부터 유행하고 있던 기생충병이다. 중국에서의 역사는 더 오래되었는데, 한대漢代부터 광범위한 지역에서 맹위를 떨쳤다. 삼국지에 나오는 적벽대전에서 위나라 수군을 괴롭힌 것도 일본주혈흡충증이라는 설이 있다. 이 감염병의 유행 역시 수전 개발 등의 농업과 깊은 관련이 있다. 또한 사회주의를 목표로 한 중국 공산당의 정책에도 영향을 끼치게 되었다. 그렇다 치더라도 왜 이 병에는 '일본'이라는 이름이 붙어 있는 것일까. 일본주혈흡충증은 감염병을 둘러싼 일본과 중국의 숨겨진 관계를 말해 준다.

중국의 역사를 되돌아보면 그 밖에도 거론해야 할 감염병이 많이 있다. 천연두, 이질, 장티푸스는 오랫동안 중국에서 중요한 사인이었다. 또한 20세기 들어 공업화 및 도시화의 결과물인 결핵도 간과할 수 없다. 이 책에서 이러한 감염병을 모두 다룰 수는 없지만 가능한 한 많은 감염병을 다루어 볼 생각이다.

인류는 19세기 후반부터 감염병의 원인이 되는 세균과 바이러스를 발견하여, 사람에 대한 감염의 메커니즘을 밝히고 백신 개발 등을 통해 다양한 감염병을 극복하고자 노력해 왔다. 현재 우리의 생활은 이러한 노력 위에 이루어진 것이다.

중국에도 이런 노력을 거듭한 학자가 있다. 이 책에서는 감염병에 맞선 인물 중 우롄더伍連德라는 말레이시아 태생의 화교 학자를 소개하도록 하겠다. 우롄더는 감염병과 싸우는 동시에 감염병 유행의 배경이 된 정치나 사회, 국제관계의 다양한 문제와도 싸워야 했다. 우롄더가 따라간 길은 20세기 전반기 중국 감염병 대책의 역사를 상징한다.

20세기 중국은 감염병 대책을 추진하기 위해 서양 의학을 도입하고 공중위생제도를 정비했다. 중요한 것은 19세기 중반부터 급속히 근대화를 진행한 일본이 이 방면에서의 모델이 되었다는 점이다. 중국에서의 감염증 대책과 직접 관계가 있는 일본인도 있다. 상하이 자연과학연구소에서 일본주혈흡충증 연구에 종사하다가, 2차대전 후 후생성 예방위생연구소 기생충부장이 된 고미야 요시타카小宮義孝가 바로 그런 사람이다. 이렇듯 그동안 잘 알려지지 않았던 학자들의 궤적도 언급할 생각이다.

20세기 후반 중국은 급격한 인구 증가를 경험하였다. 그 요인 중 하나는 감염병의 억제이다. 이렇게 곳곳에서 다양한 감염병 유행이 억제되면서 인류는 가까운 미래에 감염병을 극복할 수 있다는 낙관적인 전망이 확산되었다. 하지만 현실은 나아지지 않았다. 21세기 초반인 현재 빈곤이나 전쟁, 위생행정의 이완, 세균이나 바이러스, 그것들을 인간에게 매개하는 동물의 약물내성 출현, 감염증의 글로벌화 등으로 인류의 감염병 극복은 지극히 어렵다는 생각이 일반적이다.

2003년에는 중국 남부를 기원으로 하는 사스가 발생하여 홍콩에서의 유행을 계기로 순식간에 세계로 확산되었다. 다행히 일본에서는 사스 환자가 발생하지 않았다. 또 세계 곳곳에서의 유행도 인류가 지금까지 겪어온 감염병과 비교하면 비교적 경미한 것에 그쳤다. 하지만 사스의 정치적 사회적 충격은 컸고 심리적 영향은 여전하다.

현재 사스와 같이 인류에게 미지의 감염병(신흥 감염병)의 등장과 결핵으로 상징되는 억제에 상당히 성공한 감염병의 리바이벌(재흥 감염병)이 인류가 직면한 큰 과제가 되고 있다. 이는 2009년 신종플루를 둘러싼 상황과 조류독감의 위협으로 상징된다.

감염병의 역사는 인류사의 주요 주제 중의 하나일 수 있다. 본서가 다루는 감염병은 모두 다수의 환자와 사망자를 내고 중국이나 동아시아 역사, 나아가 세계 역사에 큰 충격을 준 것들이다. 그런 의미에서 감염병의 중국사는 글로벌 히스토리의 중요한 한 부분을 이루는 것이기도 하다.

이 책을 통해 감염병이 중국이나 동아시아, 그리고 세계에 매우 큰 충격을 주고 있었음을 독자 여러분들이 이해해 주면 감사할 것이다. 이러한 역사는 현재의 감염병을 둘러싼 다양한 문제들에 대처하기 위

한 귀중한 경험이기도 하다. 그럼 감염병을 통해 중국의 역사를 새로운
시각에서 읽어내려가 보도록 하자.

그림 1 | 중국주요도(분성도, 20세기 초)

목 차

제2장 근대중국과 제국일본 모델 77

1. 공중위생의 일본 모델—식민지 대만과 조차지 관동주 79

제1장

페스트의 충격

ペストの衝撃
The Plague Impact
鼠疫的衝擊

1. 페스트의 글로벌화
─ 윈난, 홍콩에서 세계로

감염폭발

19세기 말 청일전쟁이 발발했던 1894년에 홍콩에서 페스트가 크게 유행했다. 감염병 세계에서는 이러한 대유행을 '감염폭발'이나 '팬데믹'(pandemic)이라 부른다. 이때 홍콩에서 유행한 페스트는 선腺·페스트(bubonic plague)라고 불리는 종류의 페스트이며 임파선이 부어오르는 것이 특징이다.

페스트는 페스트균에 의해 발생하는 감염병으로 쥐 등 동물에 묻은 벼룩이 사람을 흡혈하면서 사람 몸속으로 페스트균이 흡수되어 발병한다. 유럽 중세를 석권한 흑사병은 바로 이 페스트였다고 생각된다.

1894년의 홍콩에서의 대유행을 계기로 페스트는 대만, 나아가 상하이, 톈진 등의 중국 연해 지역으로 북상하고, 97년에는 일본의 고베에서도 환자가 발견되었다. 이후에 페스트는 동남아시아에서 인도, 아프리카로 서진하였고, 또 하와이에서 북미, 태평양제도, 남미로 감염이 퍼져갔다. 페스트의 글로벌화이다.

표 1-1 | 일본·중국 각지의 페스트 발생상황(1894~1913년)

年	日本		関東州		香港		台湾 全体		台北	
	患者	死者	患者	死者	患者	死者	患者	死者	患者	死者
1894	-	-	-	-	2,679	2,552	-	-	-	-
1895	-	-	-	-	44	43	-	-	-	-
1896	-	-	-	-	1,204	1,078	258	157	180	90
1897	1	1	-	-	21	21	730	566	26	22
1898	0	0	-	-	1,320	1,175	1,233	882	200	127
1899	62	45	-	-	1,486	1,428	2,637	1,995	277	196
1900	168	122	-	-	1,057	1,034	1,079	809	340	294
1901	3	3	-	-	1,651	1,561	4,496	3,670	1,285	1,144
1902	14	10	-	-	572	572	2,308	1,853	1,040	900
1903	58	39	-	-	1,451	1,251	885	708	399	354
1904	1	1	-	-	510	495	4,494	3,370	446	408
1905	282	107	-	-	304	287	2,388	2,090	660	613
1906	498	157	-	-	893	842	3,267	2,604	536	490
1907	646	320	0	0	240	198	2,586	2,235	1,187	1,103
1908	347	159	0	0	1,073	986	1,270	1,059	0	0
1909	389	237	0	0	135	108	1,026	848	0	0
1910	49	22	0	0	25	23	19	18	0	0
1911	-	-	228	228	269	253	380	334	2	1
1912	-	4	0	0	1,847	1,768	223	185	0	0
1913	27	18	0	0	408	386	136	125	0	0

출전 : 厚生省医務局編『医制百年史資料編』(ぎょうせい 1976年)
표6, Hong Kong Government, *Historical and Statistical Abstract of the Colony of Hong Kong*. 1841-1930, Hong Kong, 1932. 関東都督府新官房文書課『関東庁統計書』각 해당년도, 台湾総督府「台湾統計要覧」각 해당년도에서 작성

표 1-1은 홍콩에서 감염폭발이 있었던 1984년부터 20년간 일본 관동주 홍콩 대만에서의 페스트 환자와 사망자 수를 정리한 것이다. 1894년 홍콩 페스트는 원래 광저우廣州로부터 전파된 감염이었다.

그렇다면 이 페스트는 대체 언제 어디에서 온 것인가. 홍콩에서

페스트 대유행이 발생하기 이전부터 광둥성의 많은 지역에서 페스트가 유행했다. 그리고 그 기원은 중국 남서부의 윈난雲南이다.

페스트가 윈난의 지역 질병이라는 것은 오래전부터 알려져 있다. 그것이 광둥성 전역에 퍼진 것은 19세기 후반의 일이다. 이 페스트의 전파에 대해서는 몇 가지 설이 제기되고 있다. 하나는 청나라에 반기를 든 이슬람교도 두원시우杜文秀의 반란을 진압한 군대가 윈난에서 가져왔으며, 이 페스트가 광둥성 베이하이北海에서 1867년에 발생했다는 설이다. 이것은 상당히 설득력이 있다. 왜냐하면 군대 이동을 비롯한 사람의 이동은 감염병 역사에서 매우 중요한 의미를 지니고 있기 때문이다.

또 하나는 중국산 아편 교역에서 그 요인을 찾는다는 생각이다. 홍콩이 영국 식민지로 된 원인이었던 아편전쟁(1840~42)은 인도산 아편의 중국 밀수를 청나라 정부가 금지한 데서 비롯된 것이다. 중국에서는 잠재적인 아편 수요가 있었고, 중국 내에서도 아편 생산이 시작되었다. 그 생산지 중 하나가 윈난이고, 이 아편이 광둥성으로 팔려나감에 따라 페스트도 확산되었다는 생각이다. 두가지 설 중 어느 쪽이 사실에 가까운지는 판단하기 어려운 부분이다. 여기서는 캐롤 베네딕트의 설을 따라 보자. (Benedict, C., *Bubonic plagues in Nineteenth Century China*) 베네딕트는 19세기 말부터 20세기 초 중국에서 흑사병의 유행 상황을 자세히 연구하였다.

그 설은 앞서 언급한 두 가지를 잘 융합시킨 것으로 한인漢人들의 윈난 진출 개발로 환경 변화가 진행되었고, 이 결과 페스트 감염폭발이 발생한 것으로 보고 있다. 그리고 19세기 중반 이후의 상품유통 활성화, 특히 중국산 아편 교역 활성화를 배경으로 윈난 기원의 페스트가 광둥성에 전파되었고, 반란 진압을 위한 군대 이동이 계기가 되어 흑사병이 광둥성 전역으로 확대되었다고 설명하고 있다.

페스트균의 발견

홍콩에서의 유행을 계기로 페스트는 동아시아와 동남아시아 각지로 퍼져갔다. 일본에서 첫 번째 페스트는 1897년 고베(환자·사망자 모두 1명)에서 발생한 것으로 추정된다. 그러나 이것은 일본인 페스트 환자와 사망자이며, 실제로는 1894년 나가사키에서 홍콩에서 온 선박에 탑승하고 있던 미국인 선원이 페스트로 사망했다. 1896년에도 홍콩발 항로의 선박에 승선하고 있던 중국인이 요코하마 중국인 병원(同濟病院)에서 페스트의 발병으로 사망했다.

19세기 말부터 20세기 초에 걸쳐 일본에서도 페스트 발생이 잇따랐다. 백 명 이상의 환자가 발생한 것은 1900년과 1905~09년으로 해당 연도에는 사망자가 백 명을 넘었다. 하지만 일본의 인구 규모로 보면 페스트는 홍콩이나 대만에서의 유행에 비해 확실히 경미한 수준에 머물렀다고 할 수 있다.

그런데 1894년 홍콩에서 유행한 페스트는 인류 역사상 처음으로 페스트라는 것이 명확히 확인된 것이다. 즉 페스트균이 발견된 것이었다. 홍콩에서 페스트가 유행하자 다른 나라들은 자국 및 식민지에서의 감염을 우려하여 세균학자와 의사를 파견하여 원인 규명에 힘썼다. 일본에서도 많은 세균학자와 의사가 홍콩에 파견되었다.

그 중에서도 기타사토 시바사부로北里柴三郎와 아오야마 타네미치青山胤通의 활동이 잘 알려져 있다. 기타사토 시바사부로(1852~1931)는 당시 자신이 설립한 전염병연구소(대일본사립위생회 부속이며, 내무성의 관할로 편입된 국립전염병연구소)의 소장을 맡고 있었다. 기타사토의 홍콩 조사 결과가 「페스트 조사 복명서(1894년)」(北里柴三郎論説集編集委員会『北里柴三郎論説集』)이다. 이 가운데 기타사토는 홍콩섬에 있는 타이핑산太平山이 중국인 거주구역의 하나이며, 이번에 페스트가 매우 창궐한 곳으로 수십 년 동안 실내 청소를 하지 않은 것처럼 쓰레기 더미가 수북이 쌓여 있었다고 하면서 페스트 병의 유행 배경으로 열악한 위생 상태가 있다고 기술하였다. 그리고 이 조사에서 기타사토는 페스트균을 발견했다며 가장 권위 있는 세균학 잡지 『란셋(The Lancet)』에 중간 보고를 발표했다.

이때 프랑스 파스퇴르 연구소에서 파견된 알렉산드르 예르생(Alexandre Yersin)도 홍콩에서 연구를 진행하고 있었다. 그러나 그는 기타사토와는 다른 결과를 보고하였다. 후에 기타사토의 발견은 잘못된 것으로 확인되었고 페스트균의 발견을 둘러싼 경쟁은 예르생의 손을 들어주었다. 이리하여 페스트균은 여시니아 페스티스(Yersinia pestis)라 불리게 되었다. 기타사토 자신도 1899년에 고베에서 페스트 조사를 실시했을 때 자신 설의 잘못을 인정하였다.

기타사토와 함께 홍콩에 파견된 일본인 학자로 아오야마 타네미치青山胤通(도쿄제대 교수, 1859~1917)가 있다. 아오야마도 홍콩에서의 조사 연구 성과를 기록한 『홍콩백지사약보香港百志土略報』(1894년)를 남겼다.

그 중 아오야마는 가장 환자의 사망이 많은 것이 중국인임은 의심할 수 없으며, 치료법에 문제가 있으며 영양상태가 나쁜 것이 원인이라고 기술하였고, 페스트 환자의 치사율은 중국인이 70~90%에 달하는 반면 일본인은 50% 정도, 영국인은 2% 정도에 불과했다고 기술하였다. 페스트가 사람들에게 동일한 영향을 끼친 것은 아니었다.

아오야마는 홍콩에서 열심히 환자를 치료했다. 그렇게 열심인 나머지, 스스로도 페스트에 감염되어 아오야마는 실의에 빠진채 귀국하였다. 지금도 홍콩의 구룡지구에는 칭산다오青山道라는 거리가 있다. 홍콩에는 홍콩 총독을 비롯해 영국인의 이름이 붙은 거리가 많이 있지만, 일본인의 이름이 붙은 거리는 '칭산다오青山道'[1]뿐이다. 제2차 세계대전 중 일본군이 홍콩을 점령했기 때문에 홍콩의 일본에 대한 기억은 그다지 좋지 않지만, 이 에피소드는 하나의 예외라 할 수 있을지 모른다.

유럽의 페스트는 중국 기원인가

윌리엄 H. 맥닐의 『역병과 세계사』(McNeill W. H., *PLAGUES AND PEOPLES*)는 세계 각지에서 감염병의 유행을 검토하고 그것이 얼마나 큰 영향을 역사에 미쳐 왔는지를 밝혀낸 고전적 명저이다.[2] 맥닐은 그 가

---

1   역자주: 青山道(Castle Peak Road)는 青山公路의 일부분이며, 홍콩 구룡에 있는 도로이다.

2   역자주: 이 책은 『전염병과 세계사』(이산)제목으로 국내에 번역 출판되었다. 윌리엄 맥

운데 남아메리카의 식민지화를 가능하게 한 요인이 사실은 유럽으로 부터 들어온, 남아메리카에서는 미지의 감염병이었던 천연두였다고 밝혔다.

감염병의 역사를 처음으로 글로벌한 관점으로 서술했던 맥닐의 경우, 중국사가 빠진 글로벌 히스토리는 있을 수 없다고 것으로 보았다. 『역병과 세계사』의 권말에는 중국 내 감염병 발생 연표가 게재되어 있다. 전거로 삼았던 것은 천가오용陳高傭 『中国歷代天災人禍表』이며, 맥닐은 번역을 통해 감염병 중국사의 개괄적 사실을 알게 되었을 것이다. 이 정도 장기적인 시간 축 안에서 감염병 발생의 확인이 가능한 사회의 존재는 경이로웠을 것이다.

『中国歷代天災人禍表』는 역대 왕조마다 '천재'를 수해 가뭄 기타로 나누고, '인화'를 내란 외환(이민족의 침입) 기타로 나누어 연표로 만들었다. 이 가운데 감염병은 '천재' 기타 항목에 수록되어 있으며, 항상 '역疫'으로 표현되어 있다.

맥닐은 유럽 중세의 페스트가 도대체 어디서 왔는지를 계속 고민했다. 연표를 보면 중세 초 아시아에서 온 사람들이 유럽을 석권하고 있다. 몽골군의 유럽 석권이다. 맥닐은 이렇게 원난의 페스트가 몽골군에 의해 유럽으로 옮겨져 대유행이 되었다는 역동적인 설을 제창했다. 가설은 대담하면서도 다분히 매력적이다. 가장 최근의 연구에서는 유럽 페스트는 중동 기원일 가능성이 높다고 여겨지고 있다.

한편 중국의 역사지리학자 차오슈지曹樹基는 송원시기 및 명말

닐 지음, 강우영 옮김, 『전염병과 세계사』, 이산, 2005.

청초 화북에서 페스트가 유행했다고 주장하고 있다. 그 결과 예를 들어 16세기 말에서 17세기 중반에 화북에서 페스트가 유행하여 1582년경에 약 500만 명이 사망한 것으로 추정하고 있다. 차오가 의식하고 있는 것은 말할 필요도 없이 맥닐의 글로벌 히스토리와 유럽에서 페스트의 유행과 충격의 크기이다.

유럽에서 페스트가 유행하던 시기에 중국에서도 페스트가 유행했을 가능성이 상당히 높다고 할 수 있다. 그러나 중국의 페스트는 두 계통이 있는데, 윈난의 페스트(선페스트)와 화북과 만주의 페스트(폐페스트)이다. 16세기 말에서 17세기 중반 사이에 화북에서의 감염병 유행은 사실이라 생각되며, 그것은 폐페스트였을 가능성이 크지만 차오가 제시하는 숫자는 상당히 과장된 것이 아닐까 생각된다.

광둥성에서의 유행

이야기를 되돌려서 19세기 후반 광둥성에서의 페스트 유행 양상에 대해 조금 자세히 살펴보도록 하자. 중국에는 지방지라 불리는 역사책이 많이 남아 있다. 여기에는 성省(일본 전체보다 면적이나 인구가 크기도 함)을 단위로 하는 성지省志부터 행정 단위의 수준에 따라 부현府縣을 단위로 한 부지府志와 현지縣志까지 다양하며, 이러한 방대한 문헌을 통해 지방의 역사를 자세히 알 수 있다.

광둥성의 지방지에는 페스트 유행에 대한 많은 기록이 실려 있다. 이 중 『번우현속지番禺縣續志』에는 1892년에 페스트가 발생했다는 기록이 있다. 이 중에서 페스트는 '서역鼠疫'이라 불렸다. 『용산향지龍山鄕志』에서도, "서역鼠疫은 쥐가 먼저 죽고 그 후 사람이 죽기 때문에 서역이라 불린다. 동치同治년간에 베트남에서 광시지역으로 들어와서, 광서경인(1890)년에 가오저우高州, 레이저우雷州로 전해졌다"고 되어 있다. 그림 1-1은 지방지의 기록에서 광둥성 페스트 발생상황을 정리한 것이다. 광둥성의 거의 전역에서 페스트가 발생하고 있었음을 알 수 있다.

1894년에는 광둥성의 성도인 광저우에서도 페스트가 유행했다. 이때 조사를 위해 홍콩에서 로슨과 레니 두 명의 의사가 파견되었다. 이들은 광저우 중국인 병원을 찾아 수많은 사망자가 나오고 있는 실상을 목격하였다. 이 시기 페스트로 인한 사망자는 매일 수백 명을 헤아렸고, 3월부터 6월 사이에 약 4만 명의 사망자가 발생했다고 한다. 광저우 유행에서 특징적이었던 것은 페스트는 '밀집되고 허술한 집에 살던' 하층 계층 사이에서 유행했고, 외국 조계에서는 환자가 발생하지 않았다는 것이다. 페스트는 페스트균을 원인으로 하는 감염병이지만, 발병했을 경우의 증상이나 그것이 죽음으로 이어지는지의 여부는 치료의 방향과 환자의 영양상태에 좌우되곤 한다. 이는 감염병의 유행이 단순히 세균, 바이러스와 사람 사이의 문제가 아니라 이를 둘러싼 사회적 경제적 조건이 중요하다는 것을 보여준다.

그림 1-1 | 광둥성에서의 선페스트의 제1차 발생상황(1866~1912년)

No	地名	年代	No	地名	年代	No	地名	年代
1	靈山	1866	20	化州	1891	39	澄海	1899
2	合浦	1867	21	順德	1891	40	揭陽	1899
3	北海	1867	22	南海	1892	41	新興	1900
4	欽県	1871	23	番愢	1892	42	清遠	1900
5	遂渓	1872	24	思平	1892	43	揷県	1901
6	廉江	1880	25	仏山	1894	44	臨高	1901
7	呉川	1882	26	三水	1894	45	豊順	1901
8	電伯	1882	27	油頭	1894	46	興寧	1901
9	海康	1882	28	中山	1894	47	饒平	1901
10	台山	1882	29	龍山	1894	48	広寧	1902
11	瓊州	1885	30	惠陽	1895	49	大埔	1902
12	新会	1885	31	海豊	1896	50	郁南	1903
13	増城	1888	32	惠来	1896	51	肇慶	1904
14	高州	1890	33	普寧	1896	52	五華	1904
15	信宜	1890	34	羅定	1897	53	澄邁	1906
16	湛康	1890	35	潮陽	1897	54	梅県	1906
17	広州	1890	36	江門	1898	55	鶴山	1909
18	東莞	1890	37	陸豊	1898	56	蕉窰	1909
19	陽江	1890	38	潮州	1898	57	平遠	1912

출전: 冼維遜『鼠疫流行史』(廣州:廣東省衛生防疫站 1988년) 第3章「廣東鼠疫流行史」 및 地方志 등에서 필자 작성. 다만 실지조사와 지방지의 연대가 꽤 다른 경우는 실지조사의 연대를 따랐음

　　페스트의 유행에 대해 청조 정부는 어떤 대응을 취했을까. 이때 페스트 대책을 수행한 것은 정부가 아니라 '선당善堂' 등으로 불리던 단체였다. 선당은 지방 유력 인사들이 자금을 대어 설립한 민간 자선 단

체이다. 이 시기 이런 단체들이 감염병 대책을 비롯한 사회사업을 담당했던 것은 중국 사회에서는 극히 일반적이었다. 선당은 감염병 대책 외에 고아 양육, 기근 시의 식량 원조 등 폭넓은 활동을 하고 있었다. 지방정부는 감염병 유행 시에 세금 감면을 해주기는 했지만, 치료 등 구체적인 대책은 선당 등 민간 자선 단체에 맡겨놓았다.

청조는 정복왕조로서 한인들을 통치해 왔다. 이런 민간단체들이 지방 행정의 일부를 실제로 담당하면 청조 정부는 한인사회에 그다지 개입하지 않아도 되었다. 그것은 정복왕조에 대한 한인사회의 반발을 잠재우는 방안이었고 통치 비용을 낮추는 의미도 있었다. 그러나 19세기 말의 감염병 대책의 경우, 이러한 통치 방법은 외국 정부나 중국에 생활하고 있는 외국인의 불만 거리였다. 정부가 적극적인 대책을 진행하지 않고 민간단체에 감염병 대책을 맡기자, 대책이 충분하지 않다고 인식하게 되었다.

홍콩에서의 감염폭발

광저우에서 유행한 후, 1894년 5월 마침내 홍콩에서도 페스트가 발생했다. 홍콩정청에 따르면 6월 초까지 페스트로 인한 사망자는 약 1,500명이었고, 6월 중순에는 하루에 60~70명의 환자가 발생하는 최악의 사태를 맞이했다. 이 해에 홍콩에서의 페스트 유행은 환자 2,679명, 사망자 2,552명을 헤아리는 대유행이었다. 다만 이 숫자는 어디까지나 확인된 환자 수와 사망자 수이다. 실제로는 이보다 더 많은 환자나 사망자가 나왔을 것으로 추정된다.

홍콩정청은 페스트 대책을 위해 병원 확충, 의사 충원, 호별 검사, 환자 가옥 청소 등을 실시했다. 이런 가운데 홍콩 중국인 사회의 중심에 위치해 흑사병 대책을 진행한 곳이 동화의원東華医院이다.

동화의원은 1872년에 설립되어 홍콩 중국인의 의료와 교육, 사회복지 전반에 깊이 관여하였다. 홍콩은 영국 식민지로서 제2차 세계대전 중 일본군 점령과, 중국이 사회주의화 되어가는 가운데서도 자유무역항으로 중국과 동아시아와 동남아시아, 나아가 세계를 연결하는 역할을 해 왔다. 자유방임은 홍콩의 특징이었고, 그래서 홍콩정청은 사회사업에는 그다지 열심이지 않았다. 이런 가운데 동화의원은 홍콩의 중국인 사회를 대표하는 기관으로의 역할을 하면서, 광화廣華의원을 설립하는 등 조직을 확대하였고, 홍콩의 중국인 사회에 의료와 교육 사회복지를 지속적으로 제공했다.

1997년 중국으로의 행정권 반환으로 홍콩 사회에는 큰 변화가 생겼다. 중국 정부가 홍콩의 교육과 의료에 깊이 관여하게 되었다. 하지만 자선을 기초로 하면서 독지가의 기부를 통해 재원을 확보하고 홍콩의 중국인들에게 의료와 교육 등을 제공하는 동화의원의 역할은 계속되고 있다.

동화의원의 기록에 나오는 활동을 검토한 엘리자베스 신(Elizabeth Sinn)에 따르면 동화의원은 페스트 대책을 둘러싸고 홍콩정청과 대립했다. 그것은 홍콩정청이 실시한 호별 검사 등의 페스트 대책이 당시의 생활 습관에 비추어 보면 지극히 이질적이고 너무 엄격한 것이었기 때문이다.

그림 1-2 | 동화의원에 대해 전해주고 있는 동화삼원 문물관

동화의원은 홍콩 총독에게 호별 검사의 즉시 중지, 환자의 고향 송환, 격리 시설이었던 해상 병원에서 동화의원으로의 환자 이관 등을 건의했다.(Sinn, E., *Power and Charity The Early History of the Tung Wah Hospital Hong Kong*).

앞서 언급한 바와 같이 중국에서는 선당 등 민간단체가 중심이 되어 대책을 진행하였다. 이 시기의 중국 사회는 현재의 언어로 표현하면 '작은 정부'의 사회였다. 그러나 감염병 대책에는 정부의 강력한 이니셔티브가 요구되는 경우가 있다. 홍콩정청과 동화의원의 대립은 감염병 대책의 기본방향을 둘러싼 문화 갈등이자 정부가 위생사업에 적극 개입하는 근대적 방법을 둘러싼 갈등이기도 했다.

홍콩에서의 감염폭발 이후의 광둥성 상황도 살펴보자. 『용산향지龍山郷志』는 "1894년 홍콩 유행과 비슷한 시기에 이웃인 롱쟝龍江에서도 페스트가 발생했다. 1895년에는 량톈부朗田埠에서도 며칠 사이에 갑자기 5~6명이 쓰러졌는데 그것이 페스트인지는 알지 못했다. [중략] 1896년 이후 페스트는 농촌에도 퍼졌고, 해마다 발생에 변동이 있기는

했지만 상황이 비참해지면서 98년에는 3,000명이 사망했다. 하지만 다행히 그 유행은 단기간에 끝났다"고 기술했다.

『해양현지海陽縣志』도 "1898년 군성 안팎에서 '서역'이 발생하였고, 1899년 4~5월[음력]에도 '서역'이 유행하였다. 롱시두龍溪都에서 유행이 가장 심해 우룽茂龍에서만 사망자가 수백 명에 달했다. 1900년에도 전년부터 '서역'이 발생하여 5월에야 진정되었는데, 군성에서도 유행이 있었다"고 기술하고 있다. 이러한 기록들을 통해 농촌을 포함하여 페스트 유행이 만성화되고 있었음을 알 수 있다.

만주로의 전파

페스트는 홍콩 유행 이후 중국 연해부의 대도시인 상하이와 톈진, 그리고 대만과 만주로도 퍼져나갔다. 여기에서는 만주의 개항장이었던 잉커우營口의 상황을 살펴보자. 만주 남부의 잉커우는 랴오허遼河의 수운을 타고 20세기 들어 다롄大連이 개발되기 전까지는 만주 유일의 개항장으로, 콩을 중심으로 한 만주 생산품 수출의 거점이자, 동시에 톈진 상하이 또한 푸젠성 광둥성 등과의 연해 교역의 중심지였다.

19세기 말 잉커우의 인구는 약 4만4천 명이었지만 봄이 되자 산둥성에서 온 돈벌이 노동자가 잉커우를 경유해 만주 각지로 나갔다. 이러한 돈벌이 노동자를 출신지에서 따와서 '산둥쿨리山東苦力'라 부른다. 쿨리라는 말은 일반적으로 잡업 노동에 종사하는 중국인 노동자를 말한다. 상당히 차별적인 뉘앙스가 포함되어 있지만, 역사적인 문맥을 감안하는 의미로 이후에도 쿨리라는 표현을 쓰도록 하겠다. 잉커우에는 산둥쿨리가 매년 약 2만~3만 명씩 돈을 벌기 위해 왔다. 그러던 중 1899년 여름 페스트가 발생했다.

첫 번째 환자는 잉커우 남쪽 교외의 우타이즈五台子 거주 운송업자로 산둥쿨리를 고용하여 상품 운반 일에 종사하고 있었다. 인근 주민들은 이 운송업자가 병에 걸린 것은 악귀의 분노 때문이라고 하면서 무덤을 파헤치고 시신을 꺼내니 시신이 검게 변색되어 있었다. 이후 우타이즈에서 부터 잉커우 교외에 이르기 까지 림프선 등이 붓고 통증이 생기면서 일주일 정도 사이에 사망자가 많이 발생했다. 이 병은 잉커우에서는 '흘두온병疙瘟瘟病'으로 불렸다. 또 동청철도 보호를 위해 주둔하고 있던 러시아 병사들에게도 페스트가 확산되고 있었다.

당시 잉커우는 만주의 유일한 개항장이었다. 페스트의 발생은 주변 지역, 특히 러시아 정부와 일본 정부의 큰 관심사였다. 이미 예르생[3]의 발견으로 인해 이 감염병이 페스트임이 분명해졌기 때문에 각국 정부의 관심도 한층 높아졌다.

1899년 8월 페스트는 잉커우 시내까지 퍼져 외국 상사에서 일하던 중국인 두 명이 사망했다. 9월 초에는 외국인 거주 지역 인근에서도 페스트로 인한 사망자가 많이 발생하여 수백 구의 시신이 성벽 안팎에

---

3   역자주: 알렉상드르 에밀 장 예르생(Alexandre Emile Jean Yersin, 1863년 9월 22일~1943년 3월 1일)은 스위스계 프랑스 의사이자 세균학자이다. 선페스트의 발견자이며 나중에 그의 이름을 따 여시니아 페스티스(*Yersinia pestis*)로 명명되었다. 1890년 프랑스령 인도차이나로 떠났으며, 1894년 프랑스 파스퇴르 연구소의 요청으로 홍콩에서 발생하는 전염병을 조사하기 위해 파견되었다.

놓이는 상황이 벌어졌고, 9월 말 페스트의 피해는 주변 지역으로도 확산되었다.

러시아 공사는 청나라 정부의 대외관계를 관장하던 총리각국사무아문(총리아문)에 상하이의 검역 규칙에 준거한 검역을 잉커우에서도 실시하고, 동시에 정크선(중국 특유의 범선)에도 검역을 실시하도록 지방관에게 명령할 것을 요청했다. 이에 대해 총리아문은 지방관인 잉커우의 도대道台로 하여금 실정을 조사하도록 하겠다고 응답하였다.[4]

청조 정부의 대응은 지방관에게 구체적인 대책을 마련하라는 종래의 대책과 동일하였기 때문에 러시아 측은 꽤 불만이었다. 러시아인 의사들은 잉커우의 중국인 주민은 페스트 환자를 은닉하거나 의사의 진찰을 거부하고 있고, 고향으로의 이장을 기다리는 시신은 약 2천에 달하며, 페스트는 수습될 기미가 전혀 없는데도 불구하고 지방관이 적절한 대책을 취하지 않고 있다고 보고하였다. 러시아 공사는 다시 총리아문에서 잉커우의 도대로 하여금 각국 영사와 협력하여 적절한 대책을 실시할 것을 요청했다. 이때 미국 공사와 독일 공사도 같은 요청을 했다.

이상과 같이 외국 측은 청조 정부, 즉 총리아문이 지방관 독려에만 매달리는 것에 강한 불만을 나타냈다. 그 결과 1899년 여름 잉커우의 페스트 유행 대책에 외국 영사가 직접 관여하는 것으로 되었다.

---

4   역자주: 청 동치 5년(1866)청 정부는 잉커우를 대외개방항구로 정했으며, 이후 라오허를 경유하는 선박운행이 매우 왕성해지고 외교 사무도 증대하면서 잉커우에 해관이 설치되었다. 당시에 '道'는 兵制를 겸하고 있었던 지방관제이며, 道台는 펑톈, 진저우 산해관 등에 설립된 兵備道의 최고 관원으로 안찰사라고도 하였다.

1899년 10월 잉커우 위생국이 설립되었다. 이는 청조정부가 만 냥, 동청철도가 만5천 냥, 거류외국인으로부터 4천 냥, 중국인으로부터 6백 냥을 각각 출연하고, 영국 영사를 장으로 하여 일본인 2명, 영국인 3명, 러시아인·미국인 각 1명, 중국인 3명으로 구성된 조직이었다.

또한 잉커우의 외국인 사회가 일본 영사에게 의사의 파견을 요청 하자 일본 정부가 의사단을 잉커우에 파견하였다. 이때의 기록을 정리 한 「우장방역기행牛莊防疫紀行」의 저자이자 퇴직한 경찰의사였던 오카 자키 시쇼岡崎祗照도 그 중 한 명이다. 일본인 의사단(의사 11명, 조수 4명) 은 무라타 쇼세이村田昇淸가 의장이었으며, 당시 요코하마 세관의 검역 의였던 노구치 히데요野口英世도 이에 가담했다.

일본인 의사단

일본인 의사단은 10월 27일 잉커우에 도착하자마자 활동을 시작 했다. 구체적 대책으로 공동변소 설치, 하수 정비, 먼지 청소, 시가 살 수, 가도 개수, 돼지 사육 단속, 쥐 구제, 우물 신설, 검역위원 선출을 담 은 의견서를 제출하였다. 이를 바탕으로 11월 6일부터 잉커우를 4개 지 역으로 나누고, 각 구에 2명씩 의사를 배치해 순회를 돌았다. 그 후 일 본인 의사 4명이 증원되어 지역을 10구로 나누어 의사 순회가 실시되 었다.

잉커우의 도대가 실시한 대책이 도랑이나 우물 정비를 중심으로 한 것에 비해, 잉커우 위생국 하에서 일본인 의사단이 진행한 호별 검사나 순회는 잉커우 주민의 사적인 생활에 개입하는 것이었다. 일본인 의사단은 이러한 대책이 중국인 사회에 받아들여졌다고 밝혔으나, 중국측 사료는 이에 대한 중국인 사회의 시선이 엄격했으며, 잉커우에 있던 런위하오仁裕號와 용통칭永同慶이라는 상점의 중국인은 잉커우 위생국의 페스트 대책이 중국의 내정과 의거義擧 영역에 미치는 것이라면서 다음과 같이 강력히 반발했다.

> 잉커우위생국이 시행한 대책은 그동안 의거義擧로 여겨졌던 일이며 일련의 위생사업이 서양의학 의사들에 의해 실시되어 환자가 의원에 수용된 것은 많은 이들을 당황하게 만들고 물의를 빚었다. 중국과 외국의 풍속은 다르니 도대체 누가 가볍게 외국인의 치정治政에 맡겨 혼란이 빚어지는 것을 바라겠는가? (『牛莊営口防疫』所收, 北洋大臣から総理簡門, 1900年2月21日)

잉커우 위생국과 일본인 의사단이 진행한 대책 가운데, 이장을 위해 일시적으로 시신을 안치하는 관이 제한되었던 것도 중국인 사회의 감정을 자극했다. 이는 시신에 대한 관념의 차이에 의한 것이지만, 한인사회의 감염병 대책에서 필수적인 문제였다. 1899년 가을 무렵까지 페스트로 사망한 사람의 수는 잉커우 및 그 부근에서 약 3천 명이나 되었다. 하지만 10월부터 11월에는 유행도 진정되어갔고, 12월에 15명의 중국인 무슬림 도축업자가 감염되어(14명 사망) 같은 달 7일 마지막 환자가 확인된 이후 페스트 발생은 나타나지 않았다.

이상과 같이 중국인 사회의 반발도 있었고, 또한 페스트도 수습

되었기 때문에 일본인 의사단은 1900년 4월 15일에 해고되었고 잉커우 위생국도 4월 30일에 철폐되었다.

하와이 흑사병 사건

홍콩에서의 감염폭발을 거쳐 페스트가 글로벌화 되자 감염병 대책을 둘러싸고 곳곳에서 여러 문제가 발생하였다. 여기서는 중국과 관계가 깊은 하와이의 사례를 소개해 보겠다. 호놀룰루에서 페스트 환자가 발견된 것은 1899년 12월이다. 첫 환자는 차이나타운 중국인 상점의 점원(중국인)으로 홍콩에서 감염된 것으로 추정된다.

하와이에는 많은 중국인 이민자들이 생활하고 있었다. 하지만 하와이로의 이민은 중국인만이 간 것은 아니다. 일본에서의 이민 대부분은 오키나와 출신이었으며, 중국인 이민이나 일본인 이민은 하와이의 사탕수수 생산을 위한 플랜테이션 등에서 가혹한 노동에 종사하고 있었다.

하와이에 중국인과 일본인 이민이 도입된 이유는 무엇일까. 이것도 감염병의 역사와 깊은 관련이 있다. 하와이가 유럽인에 의해 '발견' 되면서 유럽인들은 각종 감염병도 가져왔다. 이 점에 대해 본서에서 자세히 다룰 수 없지만, 유럽인이 가져온 감염병(홍역, 결핵, 콜레라, 성병 등)으로 인해 18세기 말에는 30만 명 정도였던 하와이 원주민은 인구가 100여 년이 지난 후에는 6만 명 정도로 급감한다. 그 결과 미국인들이 하와이에서 플랜테이션 등을 경영할 때 많은 중국인과 일본인을 노동력으로 받아들이게 되었다.

감염병으로 인한 인구 감소가 두드러졌던 곳은 남아메리카였다. 스페인인과 포르투갈인이 들여온 천연두가 원주민 사회의 인구를 격감시켰고 결과적으로 식민지화가 진행되었다. 알프레드 크로스비는 이러한 감염병의 대륙 간 전파를 콜럼비안 익스체인지(Columbian Exchange 콜럼버스의 교환)이라 불렀다.(Crosby, A.W., *The Colombian Exchange Biological and Cultural Consequences of 1492*). 콜럼버스 이래의 감염증의 교환인 셈이었다. 하와이에서의 상황도 마찬가지였다.

홍콩 페스트 전파에 대해 호놀룰루 당국은 교통 차단을 실시하고, 환자 가옥의 소각(1900년 1월)과 차이나타운의 중국인과 일본인(당시 일본인도 잡거) 및 원주민을 퇴거시켜 베레타니아 거리(Beretania Street)의 카나카 사원으로 격리를 추진하고, 주민의 목욕·소독을 실시하였다.

이러한 대책의 배경에는 인종적인 편견이 작용했음이 분명하다. 페스트가 홍콩으로부터의 옮아왔다는 것도 그것을 증폭시켰다. 또한 경제적 사회적인 이유도 지적되고 있다. 농업 노동자로 하와이로 건너 간 중국인과 일본인 중에는 돈을 모아 상점을 경영하거나 다양한 사업에서 점차 성공을 거두는 사람이 있었다. 호놀룰루의 중국인들과 일본인들은 당국이 추진한 차이나타운 대책의 배경으로, 그들의 성공을 질투한 백인 사업가들이 꾸민 것이라 생각했다.

1900년 1월 20일 차이나타운에서 큰 불이 났다. 페스트 대책의 일환으로 가옥 등의 대규모 소각을 실시했을 때 대형 화재가 발생하였다. 이것은 '하와이 흑사병 사건'이라고 불린다. 이 대화재는 실화설, 방화설 등 여러 설이 있지만, 어쨌든 페스트의 글로벌화 속에서 야기된 사건이었다.

이후 호놀룰루에서의 페스트 유행은 진정되어 4월 1일에 격리 조치가 해제되었다. 결국 1900년 하와이의 페스트로 인한 사망자는 약 60명에 달했다.

하와이 흑사병 사건은 보상 협상이 난항을 겪으면서 법정으로 넘어갔다. 이때 법정 구성이 공평하지 않다고 하여 1990년 4월 6일 일청양국연합위원회가 설치되어 공정한 보상을 요구하는 일청양국인연합대연설회가 열리자 법정은 일단 폐쇄되었다. 8월이 되어 법정이 재개되었지만 보상 금액과 지불 방법을 둘러싼 대립이 계속되었다. 하와이에 거주하는 일본인들은 일본 외무성에 미국 당국과 교섭할 것을 요청하였고, 중국인들도 청나라 정부의 외무부(총리 아문을 대신하여 대외관계를 담당하게 된 기관)에 이 문제를 제기하게 되었다. 이렇게 페스트 유행으로 야기된 사건은 일본, 중국과 미국 사이의 외교 안건의 하나가 되었다.

페스트의 글로벌화는 19세기 후반부터 기선 교통 루트의 정비를 통한 사람 이동의 활성화(스피드 향상과 이동 사이즈의 확대)가를 배경으로 한다. 1899년에는 아프리카 동해안의 모리셔스 제도의 포트 루이스(Port Louis)에서도 페스트가 발생하였다. 이때 포트 루이스 화교 사회에서는 광둥성 출신 리더였던 덩윈鄧雲이 홍콩의 동화의원을 모델로 저우파량周發良 서역의원鼠疫医院을 설치하고 대책을 진행했다.

1901년 페스트는 남아프리카에도 감염되었다. 이를 계기로 케이프타운에서는 아프리카인의 격리가 이루어졌고, 이것이 이후의 인종차별정책의 계기로 되었다. 1894년 홍콩에서의 대유행 후, 페스트는 상하이와 톈진, 잉커우 등 중국 연해 도시로 확산되었고 대만과 일본, 그리고 하와이와 북미로도 확산되었다. 또한 동남아시아와 인도, 아프리카에도 퍼져 그야말로 글로벌화 되었다.

톈진의 위생개혁 - 점령의 충격

페스트의 세계화 중에서도 청나라 정부의 총리아문은 페스트 대책을 지방관에게만 맡기면서 중앙정부로서의 구체적인 대책을 취하지 않았다. 앞서 언급했듯이 재난 등이 발생하면 세금 감면 등을 하되, 실제 대책은 민간단체가 자선사업으로서 행하는 전통적인 방식이 답습된 것이다. 이러한 대응에 외국 정부나 중국에 거주하는 외국인은 점차 불만을 품게 되었다.

청나라 정부가 감염병 대책에 나서는 계기가 된 것은 1900년 의화단 사건으로 인한 8국 연합군의 톈진 점령이다. 톈진을 점령한 연합군은 점령 행정을 위해 톈진도통아문天津都統衙門을 설치하였다. 톈진도통아문은 이때 다양한 감염병 대책을 마련하였다. 감염병으로부터 장병들의 건강을 지키는 것은 점령군의 중요한 과제였고, 또 의료·위생 사업의 내실화로 점령에 대한 반발을 누그러뜨리려는 정치적 의미도 있었다.

점령이 끝나자 톈진도통아문이 진행한 위생사업을 계승하여 1902년 톈진위생총국이 설립되었다. 이는 중국의 최초의 위생행정기관이었다. 사업 내용을 정한 「톈진위생총국현행장정天津衛生總局現行章程」에 의하면, 사람들의 생활을 지키기 위해, 도로의 청소나 빈민의 구제,

질병의 치료나 전염병 대책을 실시한다고 되어 있다.

이것을 자세히 보면, 이하와 같은 내용이 보인다.

① 연 2회 주민 전체에 대한 종두 실시

② 도랑과 변소의 정비

③ 가옥의 청소

④ 음료수 소독

⑤ 식품의 안전 확보(특히 과일, 어류, 야채, 육류 등)

⑥ 페스트 대책으로서 쥐 박멸

⑦ 전염병 환자의 전문병원 송치 및 청결법 시행

텐진위생총국은 약 80명의 위생순포衛生巡捕로 사업을 수행하였다. 텐진에서는 이렇게 점령 행정을 계승하는 방식으로 위생사업의 제도화가 이루어졌다.

텐진에서 정치 실권을 장악하고 개혁을 추진한 것은 위안스카이袁世凱(1859~1916)였다. 위안스카이는 점차 세력을 확장하였으며, 얼마 후 신해혁명으로 청나라가 쓰러진 뒤 중화민국 대총통에 취임하면서 텐진에서 시도한 위생사업의 제도화가 중국 전체로 확대되었다.

광서신정과 공중위생

텐진의 사례에서도 드러났듯이 의화단 사건 패배를 계기로 청조 정부는 본격적인 개혁에 나섰다. 이 개혁은 당시 황제(광서제)의 이름을 따서 '광서신정'이라고 불린다. 이 개혁은 정치, 경제, 군사, 교육 등 다양한 형태로 이루어졌는데, 예컨대 관료 등용 제도로서 오랜 역사를 지닌 과거의 폐지 등으로 상징되듯 본격적인 근대화를 목표로 하였다.

1905년에는 경찰행정을 담당하는 기관으로 순경부(1906년 민정부로 개편)가 설립되어 순경부巡警部 아래에 위생사衛生司(사司는 일본의 국局에 상당)가 설립되었고, 민정부 위생사는 베이징 시가(내성과 외성, 내성:만주인 거주지역, 외성:한인 거주지역)에서 주민 사망원인 조사, 주거·점포·여관·회관 및 창관에서의 감염병 조사, 격리, 요양, 사망자 파악, 쥐 포획수 조사 등을 실시하였다. 이 조사가 체계적이지는 않지만, 베이징에서 이질 등의 감염증이 사인의 절반 이상 차지하는 것으로 되어 있다.

수도 베이징의 도시행정을 담당하는 내외성공순총국內外城工巡總局(이후 내외순경총청)에도 위생사(이후 위생처로 개명)가 설치되어 도로청소, 감염병 예방, 식품검사, 도축관리, 의사·약품 관리 등이 이루어졌다.

「개정청도장정改訂淸道章程」(1908년)은 베이징의 시가지 청소 방법을 규정한 것이다. 이에 따르면 청소를 도급하는 부두(夫頭:인부 우두머리) 아래에 도로 청소를 하는 청도부(내성: 부두 39명, 청도부 780명, 외성: 부두 35명, 청도부 700명)가 배치되었고, 경비는 내외순경총청에서 지급하기로 되어 있다. 또한 「예방시역청결수칙予防時疫淸潔規則」(1908년)은 '청결'에 역점을 두고 쓰레기 처리의 방침과 화장실 청소를 규정하고 있다.

이 시기의 위생사업에서는 도로 청소가 중시되었다. 위생사업의 제도화가 지향되었지만, 이 단계에서는 이를 뒷받침할 주민조직은 없었다. 그렇기 때문에 개인 주민보다는 도로를 단위로 위생사업을 진행할 수밖에 없었다. 즉, 이 시기의 위생사업은 감염병이 발생했을 경우에 강제적인 격리의 시행과 주민 생활에의 직접 개입과 같은 대책을 상정한 것은 아니었다.

펑텐에서의 제도화

지방에서도 위생사업의 제도화가 진행되었다. 각 성에 경찰행정을 담당하는 순경도巡警道가 설치되어 위생, 방역 및 의원 관리를 맡게 되었다.

만주의 상황을 살펴보자. 시간을 조금 거슬러 올라가면, 만주 펑텐부(현재의 선양沈陽)에서는 1881년 천연두 유행을 계기로 우두국이 설치되었다. 청일전쟁 이후인 1896년에는 펑텐동선당奉天同善堂이 설립되어 우두국을 흡수하고 종두를 실시하였다.

펑텐동선당은 펑텐의 사회사업 전반에 관여하였고, 지방정부 행정기관인 석자국惜字局, 의학관義学館, 서류소棲流所, 시죽창施粥廠, 육영당育嬰堂 등의 조직을 흡수하여 사회사업을 총괄하는 조직이었다. 청말부터 중화민국 초기의 개혁 중에서도 의원, 양등소학교兩等小學校(1906년, 義學館의 개편), 여자실업소학교(06년, 육영당으로 개편), 제량소濟良所(08년), 교양공창教養工廠(10년), 고아원(12년), 수용소(경찰청이 임시로 개설), 마비요양소(19년)를 개설하는 등 사회사업 전반에 관여하였다.

광서신정에 따라 펑텐에도 1905년 순경총국 위생과가 설치되어 방역, 도로 청소, 음식·약품 검사, 의원 관리 등이 진행되었다. 또한 말단의 현 수준에서도 위생행정을 담당하는 순경국위생고巡警局衛生股가 설치되었다.

「펑톈경무공소청결규정奉天警務公所淸潔規定」에서는 펑톈성 성벽의 안과 밖을 동서로 구분하여 청도대淸道隊(동서로 2대, 순변巡弁 1명, 대원 209명)가 청소를 하고 위생순변장, 순경이 감독을 맡도록 되어 있었다. 경비는 청결비의 징수에 의한 것으로 되어 있다. 이 시기 만주에서는 랴오양遼陽, 잉커우營口, 신민부新民府, 티에링鐵嶺에서 동일한 기관이 설치되면서 위생사업의 제도화가 진전되고 있었다.

상하이 - 요동치는 조계와 화계

20세기 초 중국에서도 위생사업이 중시되고 제도화가 진행된 배경에는 당시의 세계적인 상황이 있었다. 즉, 위생을 둘러싼 '문명'과 '야만'이라고 하는 관념의 일반화, 게다가 거기에 근거한 위생 내셔널리즘의 등장이다. 우두이吳兌의 『위생신론衛生新論』(1907년)은 이러한 상황을 잘 보여준다.

무릇 문명을 갖춘 백성이란 나라가 강하고 또 몸이 건강하다. 현재 세계 각국의 인민 모두가 문명을 극복한 단계에 있는 것은 아니지만 우리보다 더 높은 단계에 있다. 이는 위생도 그 요인의 하나이며 [중략], 나라를 강하게 하려면, 의무적으로 그 백성을 강하게 해야 하고 백성을 강하게 하려면 그 신체를 강하게 해야 한다. 몸을 강하게 하려면 우선 위생부터 시작해야 한다.

(吳兌『衛生新論』1907년)

이 시기 상하이에서도 페스트의 유행이 계속되고 있었다. 신해혁명 직전에는 그 대책을 둘러싸고 여러 문제가 발생했다.

1910년 11월, 외국인 조계 행정을 담당하는 공동조계 공부국 위생과에서는 홍콩에서 실시되고 있던 쥐의 구제나 세균 검사 등을 참고하며 페스트 대책을 진행했다. 페스트 균에 감염된 벼룩을 가진 쥐의 검출, 페스트 환자 격리 등이다. 이러한 대책은 조계의 의용대가 동원되어 강압적으로 진행되었다. 그리고 많은 중국인들이 이에 반발하였다.

상하이의 중국인 사업가 단체였던 상무총회(상공회의소에 해당하며, 다른 나라에 비해 중국에서는 영향력이 크다)는 공부국과 교섭하여 상무총회 지도자인 저우진쩐周金箴, 샤오친타오邵琴濤, 위챠칭虞洽卿, 션중리沈仲禮, 탕루위앤唐露垣, 중쯔위엔鍾紫垣, 쑤신선蘇新森, 왕시싱王西星 등의 노력으로 '평화적' 방법으로 페스트 대책을 추진하기로 타결하였다.

'평화적' 방법은 첫째 중국인 스스로 페스트 환자를 위한 병원을 설치하는 것, 둘째 중국인 자신이 페스트 환자, 쥐 등을 조사, 검출하는 것, 셋째 조사지역은 베이허베이루北河北路, 쑤저우허루蘇州河路, 시짱루西藏路, 하이닝루海寧路 및 신야먼新衙門에 의해 구분된 지역으로 한정하여 자유 매장을 승인하는 것이었다. 이 사건을 계기로 상하이에서 활약하던 닝보寧波 출신자들을 중심으로 한 기부를 바탕으로 중국공립의원이 설립되어 중국인 의사가 중국인 지역인 화계華界에서 검사를 실시하게 되었다.

상하이 상무총회가 공부국의 대책에 반발했던 것은 공부국이 페스트 대책을 통해 화계의 위생행정에 관여하려 했기 때문이다. 그 우려는 근거 없는 것이 아니었다. 공부국 위생과장 스탠리는 화계인 상하이 북부와 자베이閘北[5]에서의 페스트 대책을 논한 메모랜덤 가운데, "이번 자베이 흑사병 발생은 조계 확대에 가장 좋은 기회의 하나이다. 적당한 채널을 통해 강경한 방안을 제기할 것을 권장한다"는 의견을 표명했기 때문이다.

신해혁명 직전인 1911년 8월에도 페스트 대책을 둘러싸고 조계와 화계 사이에 또 다시 문제가 제기되었다. 공동조계 공부국은 자베이에서 페스트균을 가진 쥐가 조계에 침입하는 것을 막기 위해 철선鐵線을 확장하기로 계획하고 실제 공사를 시작하였다. "중국 측 관헌이 유민을 탄압하고 질서를 유지하지 못하면 이런 유민이 모여 있는 곳을 관리하게 될 것"이라며 공부국은 상당히 강경한 대응을 취하였다. 이렇듯 화계 측은 조계 확대의 계기로 페스트 발생이 이용되는 것에 대해 강한 경각심을 가지게 되었다.

지방관인 상하이 도대道台와 션중리 의사 및 자베이 경찰서와도 협의한 뒤 화계의 구체적 페스트 대책 내용을 결정했다. 그것은 유행지역 가옥을 철판으로 폐쇄하여 페스트병에 감염된 쥐의 조계 침입을 막을 것, 쥐 포획, 동일 지역 교통 차단, 주민 검진, 예방접종(감염되지 않은

---

5   역자주: '자베이閘北'라는 명칭은 상하이의 하천인 蘇州河에 있는 두 개의 수문(閘)에서 비롯된 명칭이며, 동쪽이 조계와 연결되어 있다. 1927년 閘北區가 설치되었으나, 2015년 상하이시의 행정구역 개편으로 갑북구는 靜安區로 합병되면서 역사적 명칭이 사라졌다.

것으로 판명될 경우 자유로운 통행 허용), 가옥검사·소독, 의사의 호별검사(환자로 판명될 경우 경찰서에 통보, 격리병원에 격리)였다. 또 시신은 증명이 없으면 발인을 금지하는데, 다만 관을 구입할 수 없는 사람에게는 관에서 목재를 지원하고, 페스트로 사망한 시신이 들어 있는 관에는 석회를 채우는 등의 것이었다.

　　이 무렵 중국공립의원은 호별조사를 실시하였다. 1911년 12월 초순까지 사태는 평정되었으며, 상하이 순경도(경찰서장에 해당)는 일련의 페스트 대책에 대해 다음과 같은 입장을 취했다.

　　전염병 대책은 경찰과 위생의 중요사항으로 지방의 주권과 관련된 바가 매우 크다. 따라서 스스로 법을 마련하고 이를 스스로 행해 외국인 간섭의 빌미가 되어서는 안 된다. (「華界防疫尚堪稍懈乎」 『申報』 1911년 2월 25일)

위생의 정치화

　　19세기 말부터 20세기 중반까지 톈진 위생사업의 역사를 자세히 연구한 루스 로거스키는 톈진이 중국 위생사업 제도화의 기점이 되었다며, 그 역사적 의미는 '신체의 보호'(protecting the body)에서 '민족의 방위'(defending the nation)로 변화해 갔다고 지적하였다.(Rogaski, R., *Hygienic Modernity*) 로거스키가 '신체의 보호'나 '민족의 방위'라는 표현을 사용하며 톈진이나 중국 위생사업의 역사적 의미를 설명한 것은, 19세기를 중심으로 영국령 인도의 위생사업을 연구한 데이비드 아놀드를 의식한 것이다.

아놀드가 영국령 인도의 위생사업 방식을 자세히 검토하고 그 역사적 특징을 '신체의 식민지화'(colonizing the body)라는 시각으로 자리매김했다. 이 연구는 위생사업의 제도화를 식민지주의의 공적으로 보는 견해에 대해 이의를 제기하고, 오히려 의료·위생사업의 정비야말로 식민지 통치의 중요한 채널이었다는 생각을 제기했다.(Arnold, D., *Colonizing the Body: State and Medicine and Epidemic Disease in nineteenth Century India*).

로거스키는 아놀드의 논의를 수용하여, 중국 위생사업의 제도화 과정을 개인 건강 유지라는 '신체 보호'에서 중국이라는 민족과 국가 차원의 '민족 방어'로의 변화로 자리매김했다. 그것은 신체의 식민지화에 대한 저항이기도 했다.

이상과 같이 19세기 말 홍콩에서의 감염폭발을 계기로 페스트는 중국 연해지역, 동남아시아와 동아시아, 하와이, 북미, 또 인도, 아프리카로 확산되며 그야말로 글로벌화 되었다.

중국은 선당 등의 선행으로 감염병 대책을 의지해 왔다. 그러나 페스트 대책을 추진하기 위해 그러한 대응의 근본적인 수정을 강요받게 된 것이다. 그리고 그것은 '작은 정부'에서 '큰 정부'로의 전환이기도 했다.

2. 감염병 정치화
─열강의 속셈과 국제 페스트 회의

만주의 페스트 유행

17세기부터 260년 이상 중국을 통치해 온 청조의 명맥이 끊기려 했던 1910년에서 1911년 사이, 만주에서 페스트가 유행했다. 이 페스트는 윈난雲南 기원이며 홍콩에서의 유행을 계기로 글로벌화 된 선腺페스트와는 다른 폐肺페스트였다. 원래 시베리아에서 퍼진 것인데, 타르바간6이라 불리는 다람쥐의 일종이 페스트균에 감염된 벼룩을 사람에게 매개했다고 알려져 있으며, 모피 상인 등으로부터 유행이 시작되었다. 또한 폐페스트는 비말 감염이 되기도 했다.

페스트 환자가 최초로 발견된 것은 러시아령 다울리야(Даурия, Dauriya, 러시아 자바이칼 지방)이었다.(1910년 9월 16일) 이후 페스트는 러시아

---

6   역자주: 일명 몽골 마못(Molgol Mamot)이라 불린다. 주로 몽골 서부와 알타이 지역에 분포한다.

와 만주 경계에 위치한 만저우리滿洲里에서 유행했다. 당시 만저우리는 5천여 명의 러시아인과 2천여 명의 중국인이 사는 거리였다.

그런데 4월에서 10월 사냥철이 되면 사냥꾼이나 모피를 취급하는 중국 상인들이 많이 찾아왔다. 이 상인들이 페스트를 만주 북부로 확산시켰다. 1910년 10~12월 만저우리에서는 약 400명이 페스트의 희생양이 되었다.

페스트는 만저우리에서 치치하얼과 하얼빈 등 만주 북부, 창춘과 펑톈 등의 만주 남부로 확산되어갔다. 북부의 헤이룽장성에서는 후란부呼蘭府 하이룬부海倫府 수이화부綏化府 룽쟝부龍江府 등을 중심으로 약 만5천 명, 남쪽의 지린성에서도 빈쟝청濱江厅 쌍청부雙城府 창춘부長春府 아청현阿城縣 등을 중심으로 약 2만2천 명이 사망했다. 만주 남부의 펑톈성에서는 펑톈부奉天府 신민부新民府 창투부昌圖府 화이더현懷德縣 등에서 약 7천 명이 사망했다. 물론 이 숫자는 확인된 것일 뿐, 페스트 희생자는 실제로 5만 명을 넘어선 것으로 추정된다.

시베리아 철도와 만철

만주 전역에 페스트가 순식간에 확산된 배경으로 철도망 정비를 들 수 있다. 19세기 말 러시아는 극동 정책의 요체로서 시베리아 철도 건설에 착수한다. 러시아가 남하하면서 만주와 조선에서 적극적으로 세력을 확대하자 위기감을 느낀 일본은 1902년 영국과 영일동맹을 맺고, 영국을 뒷배경으로 한 러일전쟁으로 러시아의 극동정책을 좌절시

감염병의 중국사

컸다. 강화 조약인 포츠머스 조약(1905년)에서 시베리아 철도 남부 지선의 경영권이 일본에 양도된다. 이것이 남만주 철도이다. 만철은 1945년 일본 패전 때까지 대륙정책의 중심이 되었다.

만주의 철도망 정비로 특산품인 콩이 북부의 하얼빈과 남부의 다롄으로 모여 유럽과 일본으로 다량 수출되었다. 또한 외국산 물품도 수입되어 만주 경제는 급속히 발전하였다. 하지만 이러한 교통 인프라의 정비는 페스트를 만주 전역에 감염시켰다.

그림 1-3 | 만주 주요 폐페스트 유행지(1910~1911년)

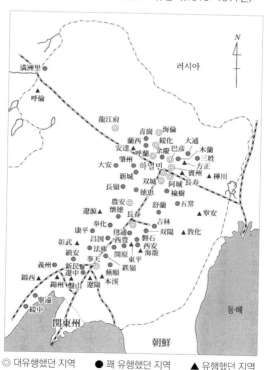

◎ 대유행했던 지역　● 꽤 유행했던 지역　▲ 유행했던 지역

출전: Report of the International plague conference held at Mukden, April, 1911, Manila, Bureau of Printing, 1912.

그림 1-3은 1910년 만주의 페스트 주요 발생지점을 보여준다. 철도를 중심으로 페스트가 유행되고 있는 것이 확인된다. 페스트의 유행에 대해 만철은 다양한 대책을 진행했다. 예방을 위한 주의사항을 인쇄하여 이를 직원이나 거류민에게 배포하였고, 쥐 포획을 진행하였다. 또한 격리병동도 준비했다.

만주 북부에서 페스트 유행이 확인된 1910년 11월 하순에는 기차 검역이 시작되었다. 그런데 이 때는 마침 콩 수출 시기로, 주요 역인 창춘·펑톈·와팡뎬瓦房店에 의사를 배치해 다롄행 열차에 탑승시키고 차 안에서 검역을 실시하는 방식이 취해졌다. 또 창춘의 만철 부속지에서는 중국인만을 대상으로 '일렬 정좌에 의한 진단'이라는 차별적인 검진과 여관 검사가 실시되었다.

페스트 유행이 본격화되자 철도 검역은 객차 내의 검역에서 철도역사 검역으로 바뀌었으며, 경찰관이 동행하는 것으로 되었다. 격리 시설이 준비될 때까지 중국인 근로자의 기차 탑승도 금지되었다.

하얼빈에서 창춘으로 - 만주 북부의 유행

헤이룽장성의 성도인 하얼빈은 지금도 그리스 정교회를 비롯한 러시아풍 건물이 많이 남아 있고, 겨울 눈축제로 유명한 중국 동북부의 중심 도시 중의 하나이다. 1910년 10월 27일 하얼빈의 러시아 조계에서 첫 페스트 환자가 발견되었다. 하얼빈에서 진행된 페스트 대책은 엄격하고 강압적이었다. 러시아인 지구의 신시가지와 부두에는 러시아군에 의해 방역선이 설정되어 중국인의 조계 출입이 금지되었다. 또 중국인 노동자의 연해주 출입, 급행열차 탑승도 금지되었다. 1910년 11월 7일 하얼빈의 중국인 지역 푸자뎬傳家甸에서도 페스트 환자가 발견되었다. 환자는 만저우리에서 모피를 팔러 온 두 명의 중국인 사냥꾼으로, 이후 푸자뎬에서는 3개월 동안 약 5천 명이 페스트의 희생양이 되었다.

이때 푸자뎬에서 페스트 대책을 진행한 것은 지방정부가 아니라 중국인 유력자가 조직한 상회와 자치회였다. 이들은 푸자뎬이 어디까지나 중국 내지이며 시베리아 철도 경영에 임하고 있는 동청철로공사가 페스트병 대책에 관여하는 것은 타당하지 않다고 주장했다.

이에 대해 동청철로공사는, 푸자뎬의 주권은 분명히 중국 측에 있지만 조계와 근접해 있기 때문에 조계와 동일한 대책을 취하지 않으면 대책이 안된다고 회답했다. 감염병 대책을 둘러싼 정치적 주권이 여기서도 문제가 되었다.

이때 동삼성 총독으로 페스트 대책의 최고 책임자는 시량錫良이었다. 시량은 페스트병 대책을 원활하게 추진하기 위해 우롄더伍連德(1879~1960)를 하얼빈에 파견했다. 그는 페낭 태생의 말레이시아 화교로 케임브리지 대학에서 학위를 받은 중국 굴지의 세균학자이다. 우롄더는 1907년부터 톈진의 군의학당 부교장을 맡고 있었는데, 전문적 지식을 갖춘 전문가로서의 활약을 기대하며 만주로 향했다.

우롄더는 시신 소각을 추진함과 동시에 환자를 발견하기 위해 노력하였는데, 실제로는 경찰을 동원한 꽤나 강경한 수단으로 환자 확인을 수행하였다. 이렇게 하면서 하얼빈에서의 페스트 대책은 점차 효과를 거두게 되었다.

1911년 봄 해빙의 계절이 되자 하얼빈에서는 페스트로 숨진 시신이 잇따라 발견되었다. 하지만 대책의 효과가 분명해지면서 하얼빈에서 간행되던 중국 신문인 『원동보遠東報』는 다음과 같이 기술하고 있다.

> 최근 페스트로 사망하는 사람은 감소하고, 방역처가 주관하는 거리의 유체(시신) 처리도 진행되고 있다. 새로운 사망자는 대부분 화장했으며, 가능한 건물 소독을 실시하고 불가능한 경우는 모두 소각했다.
>
> 현재 러시아 지역의 극장 식당 등에는 중국인의 입장이 금지되어 있다. 전염병 창궐을 막기 위해 중국 하등인들은 출입을 금해야 하지만, 상등인들은 종두도 맞고 있기에 조금도 위험하지 않다. 중국인의 러시아 지역 시설로의 일률적인 출입 금지를 폐지하고 자유롭게 해야한다.(『遠東報』 1911년 2월 23일)

이 기사에는 몇 가지 중요한 문제들이 포함되어 있다. 우선 하얼빈에서의 대책 효과를 확인한 후 러시아 조계에서 실시되고 있는 중국인에 대한 차별적인 대책을 비판하고 있다. 동시에 중국인 중에서도 계층을 명확히 나누고, 종두를 접종하고 있는 위생적이고 부유한 사람들은 러시아인과 같은 대우를 받아야 한다고 주장하고 있다.

이는 감염증 대책을 둘러싸고 세계 각지에서 진행된 위생/비위생, 문명/야만, 그리고 그 기초가 되는 부유/빈곤이라고 하는 이분법이 중국 사회에도 받아들여지고 있음을 보여준다. 물론 문명/야만, 부유/빈곤이라는 이분법은 중국 사회에도 오래전부터 있었다. 하지만 이 시기에 여기에 위생/비위생이 더해지게 된 것이다.

만철의 대응

만철의 대응도 살펴보자. 페스트 유행이 확인되자 만철은 기차 검역을 강화하고 중국인 근로자에 대해 승차 거부를 실시했다. 그러나 이 조치는 만철 경영 관점에서 본다면 문제가 많고 철저히 하는 것도 쉽지 않았다.

고이케 초오조오小池張造 펑텐 총영사는 다음과 같이 만철이 충분한 대책을 취하지 않았다고 비판하고 있다.

방역의 첫 번째 수단은 청국인을 수송하지 않는 것을 원칙으로 해야 함은 말할 필요도 없이 당연하다. [중략] 이기심에만 사로잡힌 동회사[만철]원은 다음과 같이 필요한 수단의 실행을 주저한다. 혹은 검진을 받은 사람은 쿨리라고 해도 수송하는데 지장이 없으며, 또한 청국인의 수송을 중지하게 되면 (만철)사원은 상여금 배당을 받을 수 없다고 공언하고, [중략] 창춘의 격리소와 같은 것은 극히 정돈되지 않아 병독 양성소나 다름없고, 열차 검역과 같은 것은 완전 유명무실에 불과하며, 이와 같은 관리되지 않은 상태에서 청국 또는 러시아에 대하여 엄중한 단속을 요구해도 어떤 효과도 없으며, [중략] 지금의 남만주철도주식회사는 결코 청국의 설비를 비웃을 수 없는 상태이다. (1911년 1월 23일자 전보, 고이케 펑텐 총영사로부터, 고무라小村 외상, 외무성 기록『滿洲ニ於ケルペストノ一件』)

1911년 1월 8일 뤼순, 다롄, 와팡뎬, 다스차오大石橋, 잉커우, 랴오양遼陽, 펑톈, 티에링鉄嶺, 공주링公主嶺, 창춘에서도 기차 검역(역사 검역)이 시작되었고, 후에 검역 지점이 확대되었다. 4월 30일까지 총 34만 명(중국인 약 20만 명, 일본인 약 14만 명)에 대한 검역이 실시되었다. 철도 검역은 페스트 대책으로 어느 정도 효과가 있었다. 그러나 철도 검역이 개시되면서 만철이 중국인에 대한 승차 거부를 실시하자 산둥쿨리가 도보로 이동하게 되면서 페스트는 점차 철도 노선에서 벗어난 농촌에서도 유행하게 되었다.

만주 남부로의 확대

만주 남부의 펑톈에서 페스트 발생이 확인된 것은 해가 바뀐 1911년 1월 2일의 일이다. 첫 환자는 하얼빈에서 철도를 타고 펑톈으로 온 인물이며 쇠약해져서 길바닥에 쓰러져 있는 것이 발견되었다. 환자는 병원에 수용되었지만 다음날 사망했다. 펑톈에서는 이후 10일간 15명의 페스트 환자가 발견되었다. 대부분이 만주 북부에서 철도를 이용해 펑톈을 찾은 사람들이었고 그들과 접촉했던 사람들도 페스트가 발병했다.

만주 남부로 확산된 페스트는 이후 다롄(1911년 1월 4일), 베이징(12일), 톈진(13일), 즈푸芝罘(21일), 지난濟南(2월 1일) 등 즈리성直隷省과 산둥반도에도 확산되었다. 만주 전역에서 페스트가 유행하자 펑톈에 펑톈임시방역소가 설치되었고(1911년 1월) 후에 펑톈전성방역총국으로 개편되어 의무부 매장부 호구조사부 검진부 소독부 포서(쥐잡이)부 격리부 등을 개설하며 다양한 대책을 진행하였다.

만주 페스트 유행에 대해 청조 정부가 취한 대책은 매우 기민하였는데, 19세기 말 페스트 유행 때와는 확연히 달랐다. 동산성東三省 총독 시량은 성 아래의 행정 단위인 주부현州府縣에 방역기관을 설치했다. 방역기관 수는 만주 전역에서 약 550개에 달하였으며 검사, 격리, 의약품 공급, 매장, 시신 화장, 소독 등을 실시했다. 경비는 다롄 세관 수입에서 15만 냥, 펑톈실업차관에서 30만파운드, 다칭大淸은행·자오통交通은행으로부터 각각 30만파운드의 자금을 융자받아 조달했다.

이때 페스트 대책으로 학당(학교)에서 모여서 교사가 바이화白話(구어)로 페스트의 역사와 원인, 예방법, 사체 처리 방법, 가옥 소독 방법을 설명하고 위생 사상의 보급을 시도하였다. 연극 무대 기생집 목욕탕 음식점 도축장 고물상 등의 영업정지와 청결 유지를 위한 단속도 실시되었다.

펑톈 당국의 대응

펑톈에서 이루어진 청결 조사는 가옥, 후통胡同(좁은 골목), 오물장, 차량을 대상으로 하였고, 펑톈방역총국 직원들이 임시고용한 인원을 통해 불결한 지구를 검출하는 것이었다. 청결대와 동시에 소독대도 조직되었다. 펑톈에서는 12대가 있었는데, 각각 의사 2명, 순경(경찰) 3명, 쿨리 10명(다른 기록에는 의사 혹은 학생을 대장으로 하여 학생 부대장, 순경 3명·쿨리 12명)으로 조직되었다.

페스트 대책에는 순경이 관여하고 있었다. 순경은 '쿨리두목'과 쿨리의 성명을 확인하고 소독대를 조직하였고, 소독대 대장이 '쿨리두목'을 감독하는 것으로 되어 있다. 이로 미루어 소독대의 운영은 일종의 도급이었다고 생각된다.

중국의 많은 도시에서는 분뇨 처리 등의 사업의 상당 부분이 도급으로 운영되고 있었다. 펑톈방역총국이 실시한 방역사업은 선당 등 민간단체를 대신해 정부가 감염병 대책을 마련하는 것으로 이전까지는 없던 것이다. 그러나 실제 대책을 뒷받침하던 말단 조직은 쿨리두목에 의한 청부 도급으로 운영되고 있었다.

이때 각지에서 쥐 구제가 이루어졌다. 쥐 구제에 종사한 것은 역시 쿨리이며 이들에게도 건강검진과 함께 작업 시 소독복이나 장갑·모자를 착용하도록 하였고, 쓰레기를 흡입하지 않도록 호흡기 등을 사용하였으며, 작업이 끝난 후에는 반드시 소독과 목욕을 하는 것 등도 규정되어 있었다.

그림 1-4 | 페스트 환자의 이송, 펑톈

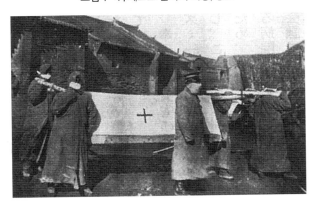

펑톈과 펑톈성의 각 부현과 지린吉林에서는 순경에 의한 쥐의 수매가 활발하게 실시되었다. 쥐 한 마리가 동전 일곱 개였고 이를 위한 전문기관으로 '수서처收鼠處'가 설치되었을 정도이다. 그러나 이 시기 만주에서 발생한 것은 폐페스트이며, 비말에 의해 사람과 사람 사이에 감염되었다. 때문에 쥐 구제가 어느 정도의 효과가 있었는지는 의문으로, "페스트 환자가 수용되어 있는 병원이 가장 위험한 곳이 되었다"고 영국인 학자 피트리는 후술할 국제 페스트 회의에서 보고했다.

호별 검사의 실시

페스트 방역사업에 종사하는 인원의 복장도 정해져 있었다. 의사에게 지급된 것은 안경 흰색 모자 상의(외투)·바지 장화에 흰색 장갑이며, 순경은 이것들을 회색으로 통일했고, 실제 작업에 종사하는 쿨리에게도 남색 바지 외투 모자 장화 장갑이 지급되었다. 이 복장이 민중에게 공포를 안겨주었음은 물론이다. 역설적이지만 다음과 같은 사료들은 그만큼 방역사업이 민중을 공포에 빠뜨렸음을 보여준다.

출발하고 귀대歸隊할 때에는 오로지 정숙을 유지하고, 환자의 가족이나 인근 주민에 대한 언행에 충분한 주의를 기울이며 결코 난폭한 행동을 해서는 안 된다. 무지한 우민愚民은 방역사업을 뱀이나 전갈처럼 두려워하고, 소독이 여러 손해를 입히기 때문에 폭언이나 폭동을 일으키면서 이를 거부하곤 한다. 이는 전염병의 유행으로 인한 실제 손해가 더 큰 손해가 된다는 것을 모르기 때문이다. '공중위생'과의 관계에서 개인의 자유를 손해 보는 것은 방역상 부득이한 일이며 국가가 공인하는 바임을 모르기 때문이다. 전염병에 관한 진리를 상세히 해설해준다면 어리석음을 깨우쳐주는 것이 어려운 것은 아니다. (「淸潔及消毒」『東三省疫事報告』)

실제 환자 가족이나 인근 주민에 대한 난폭한 행동이 많았다. 또한 여기서 주목되는 것은 페스트 대책과 같은 위생 사업(여기서는 '공중위생'이라는 표현을 사용)을 위해서는 개인 생활에 대한 개입과 나아가 자유를 제약하는 것도 어쩔 수 없다고 여겨지고 있었다는 것이다.

이런 방법은 이전까지의 중국 사회에는 거의 없었던 바이다. 감염병 대책을 선당 등 민간단체에 맡기면서 정부는 개인 생활에의 불개입을 전제로 삼았다. 다시 말하지만 청조는 작은 정부였다. 하지만 위생 사업을 보다 효율적으로 진행하려면 개인 생활에 개입하는 경우도 생긴다. 그리고 그러한 대책을 추진하기 위해서는 일정한 자금도 필요했다.

근대적인 감염병 대책 중 하나로 호별 검사가 있다. 만주의 흑사병 대책에서도 호별 검사가 실시되었다. 그러나 이를 위한 인력 부족(즉, 재원의 부족)은 심각하여 여관과 다관茶館 등에 대한 검사가 우선적으로 이루어졌다.

현성縣城에서도 호별 검사가 실시되었다. 리슈현黎樹縣의 사례를 소개해 보자. 지방지에서는 다음과 같이 기술하고 있다.

1910년에 '바이스두(百斯篤:페스트)'가 발생했다. 러일전쟁이 얼마 지나지 않았을 때 이 병은 만저우리滿洲里에 발생하여 동산성東三省 북부에서 본 현으로 확산되었다. 환자는 피부색이 검게 변색되면서 피를 토했고 불과 몇 시간 만에 숨졌다. 흔히 '서역鼠疫'이나 '흑사병'이라 부른다. 현 사무소에서는 의사를 초빙해 위생국, 경찰과 함께 방역에 나서 격리소를 설치하고 왕래 인원을 검사하며 질병 감염을 막았고, 성진城鎭의 상민商民에 대해서는 호별 검사를 실시하며 청결법을 독려했다. 환자가 발견되면 격리 치료하면서 퍼지는 것을 막았다. 각 성진의 사람들이 밀집해 있는 곳에서도 전염병이 만연되지는 않았으나, 시골 벽지로의 감염이 생각지도 못하게 빨라서 한 가족이 모두 죽는 경우도 있었다. 그럴 경우 시신 안장은 모두 경찰이 했고, 화장하여 매장하면서 질병이 퍼지는 것을 막았다. (卷6「衛生」『黎樹縣志』)

호별 검사와 시신 처리를 경찰이 진행한 점에 주목해보자. 그것이 바로 정부 주도의 근대적 감염병 대책, 위생사업이기 때문이다.

산둥쿨리

일본의 조사에 의하면 만주 남부의 페스트 환자는 산둥쿨리, 상인, 유민 등이 전체의 60% 이상을 차지하고 있다. 산둥쿨리가 페스트의 피해를 많이 본 것과 함께 그들 자신이 감염 확산에도 큰 역할을 한 것은 거의 틀림없다. 특히 춘절春節(설날) 즈음의 귀향이 페스트를 만주 남부와 화북으로 감염시켰다.

창투현昌圖縣 판자툰范家屯에서는 산둥쿨리의 이동으로 인한 페스트의 유행으로 길가에 이들의 시신이 눈에 띄게 되었다. 창투현 싱룽촨興隆泉은 한 촌이 전멸에 가까운 피해를 입었다. 이런 가운데 창투현에서는 정부의 방역사업 반대 운동도 일어났다. 방역소가 설립되어 자유로운 행동을 할 수 없게 되면서 불만이 높아진 것이다. 또 가족이 페스트로 사망하여 매장하려고 할 때, 지금까지의 매장이 아니라 화장을 하게 하면서 여러 마찰이 생기게 되었다.

위생사업의 제도화는 페스트 대책을 계기로 진전되었다. 그런 한편 위생 관념이 중국 사회에도 침투하는 가운데, 산둥쿨리의 격리나 환자가 발생한 가옥의 소각도 시작되면서 차별 의식도 표면화했다.

페스트의 유행 속에 정크선에 대한 검역도 큰 문제로 되었다. 정크선은 만주 남부와 산둥 반도 그리고 중국 남부의 항구를 연결하는 동맥의 하나이다. 만철과 직결된 항만도시로서 다롄이 발전하여 만주 생산품의 수출항으로 자리매김하면서 정크 교역 중심지로서의 잉커우의 역할도 점차 작아졌다. 그러나 20세기 전반에는 산둥성 등과의 정크교역은 유지되었다. 특히 산둥쿨리가 만주로 돈 벌러 올 때의 교통수단으로 매우 중요했다.

잉커우營口의 지방관이었던 저우창링周長齡은, 랴오허遼河 강의 해빙 이후에는 톈진天津 옌타이煙台 룽커우龍口 친황다오秦皇島 다롄大連 등의 선박에 대한 검역이 필요하다면서, 특히 톈진 옌타이 룽커우의 선박에는 많은 정크선이 있어 하루 평균 약 1,700명의 산둥쿨리가 잉커우에 상륙한 것으로 추정하였다. 겨울철에는 랴오허가 동결되기 때문에 검역은 필요 없었지만 봄이 되면 검역이 필요하였다. 이러한 산둥쿨리의 검역을 위해 7일간 구속하려면 약 만 명 이상의 사람들을 수용할 시설을 만들어야 하는데, 사실상 불가능 하기때문에 잉커우에서 대응할 것이 아니라 산둥쿨리의 승선 자체를 제한하도록 요구했다.

사진은 잉커우 부근, 톈좡타이田莊台에서 정크선을 검역하는 모습이다. 검역하는 의사의 복장은 앞서 본 방역 활동에 종사하는 의사의 복장과 같다. 이 사진은 당시 상황을 잘 보여준다. 흰옷을 입은 의사는 사진 촬영하는 카메라맨을 노려보고 있다. 그리고 주위에 서 있는 산둥쿨리. 이 사진은 검역 상황을 잘 보여준다.

그림 1-5 | 정크선의 검역 鬱口부근, 田場台에서, 1911년

만주 전역에서 페스트가 유행하는 가운데 중국 측이 운영하던 베이징과 펑톈을 잇는 징펑철도京奉鐵道에서도 검역이 실시되었다. 하지

만 그 시작은 1911년 1월 중순부터였다.

철도 행정을 관할하던 우전부郵傳部는 1월 13일 위관楡關 등에 검역소를 설치하고, 14일 펑톈에서 산하이관山海關으로 향하는 2, 3등 객차와 쿨리를 실은 객차에 대한 검역을 개시했다. 그리고 1월 하순 진푸철도津浦鐵道가 전면 운행 정지를 단행했다.

한편 만철 부속지, 관동주와 중국 내지 사이에는 감시소가 설치되어 목책 등으로 교통을 차단하고 인력거와 마차의 일본 측 관할 지역으로의 출입이 금지되었다. 이는 산둥쿨리의 도보 이동으로 페스트가 퍼지는 것을 막기 위한 조치였다.

수도 베이징에서의 페스트 발생

만주 전역을 석권하였던 페스트는 1911년 초에는 화북으로 확산되어 즈푸芝罘 톈진天津 옌타이煙台 더저우德州 정저우鄭州에서도 페스트가 발생했다. 그리고 마침내 중국 황제가 있는 베이징에서도 페스트가 발생했다.

베이징에서 페스트 발생이 확인된 것은 1916년 1월 21일의 일이었다. 위생행정을 담당하는 민정부 위생사는 내외순경총청內外巡警總廳(경시청에 해당)에 명령하여 각 구에 주임의관 및 의사를 파견해 검사를 실행하도록 하였고, 1월 27일에는 순경의 20분의 1, 소방대에서 4분의 1의 인원을 할당하여 위생대로 만들었다.

1911년 베이징의 페스트는 세 계통의 감염 경로가 상세하게 판명되었다. ① 측지국원測地局員(內城 國子監 후통에 거주)이 톈진에서 감염되어 그 하인에게 감염되었고 ② (베이징)외성 다모打磨의 산싱커잔三星客棧(여관)에 숙박하던 펑톈에서 온 인물이 발병되었고, ③ 협화의학교 학생이 톈진에서 함께 거주하던 친구로부터 감염된 것이다.

외성순경총청은 1월24일부터 여관 및 환자가 발생한 주거지에 대해 검진을 실시하였고, 여관 기루妓樓 찻집茶樓 술집酒館 등에 청결 소독 실시를 고시하였다. 관의원官醫院의 서양의학 의사였던 우윈장武蘊章(경사임시방역국 제2과 과장대리)을 각 구에 파견하여 시신 반출 시의 등록 및 도로를 청소하는 '청도부靑道夫'의 증원, 군대(右營)에게 성 밖의 격리, 병실 경비를 맡도록 하였고, 성 밖의 임시 병실의 건립을 요청하였다.

청조 정부에 의한 대책의 본격화

페스트가 베이징과 톈진에도 확산되자 청조 정부는 베이징에 경사임시방역사무국을 설치해 대책을 본격화했다. 내성좌2구 민정부 관의원에 총국을 설치하고 분국을 외성우2구(외성서분국), 외성좌11구(외성동분국), 내성우4구(내성서분국)에 배치하고 룽딩먼永定門 밖에 방전염병실防傳染病室, 격리실, 방역출장소를, 다청大城 밖 빈 땅에 사체 매장처를 설치했다. 경비는 공순연국工巡捐局의 공채금公債金 이자인 은 천 냥에 더해, 탁지부(재무성에 상당)에서 은 십만냥이 지출되어 풍부한 자금이 공급되었다.

경사임시방역사무국은 일본 오사카에 설치된 임시 페스트 예방

사무국을 모델로 삼았다. 이것은 1905년 5월부터 오사카 미나미구南区에서 페스트가 수년간 발생했을 때 1908년 1월 니시구西区 에노코江之子 섬에 설치된 조직이다.

경사임시방역사무국 아래에는 위생경찰대를 조직하여 ① 혈청주사 실시 ② 방역의원 설립, 의사·약품 준비 ③ 쥐 포획과 소각 ④ '청도부' 확충을 통한 거리 청소, 도랑 정비 ⑤ 소독과 격리 실시를 계획하였다. 또 육군부의 군의관 및 협화의학교의 졸업생에게도 협조를 구했으며, 베이징 협화의원의 외국인 의사나 일본 공사관의 군의관을 고문으로 삼아 대책을 진행했다.

경사임시방역사무국은 "정부가 청결에 힘써도 인민들이 더럽히는 속도에는 미치지 못한다"며 '위경률違警律'에 따라 벌금을 부과한다고 하면서 19011년 2월 3일 '방역벌칙'을 제정하였다.

감염병이 발생할 경우에는 경찰구에 의무적으로 신고해야 하며, 페스트로 인한 사망자의 시신은 의사의 허가를 받은 후 매장 및 이동시키도록 정했다. 위반 시에는 5위안 이상 50위안 이하의 벌금을 부과할 것, 교통 차단을 위반한 자나 방역 인원의 활동을 거부하거나 방해한 자에 대한 벌칙도 정했다. 이때 쥐 수매도 실시하였는데, 살아 있는 쥐는 한 마리당 두 푼, 죽은 쥐는 한 마리당 한 푼으로 수매하였다.

민정부위생사는 이번 페스트 대책은 그동안 중국에서 시도된 적이 없었던 것으로, 금지령을 어긴 것은 아니라도 취지에 부합하지 않는 사례들이 많이 발견되었다고 나중에 보고했다. 페스트 대책이 엄격하게 진행된 것이다. 그러나 한편으로는 민중의 불만도 컸다.

일본 음모설

1910년부터 11년에 만주를 중심으로 한 페스트의 유행에 대해 청조 정부(중앙정부와 지방정부)가 취한 대책은 이전과는 크게 달랐다. 즉, 정부가 적극적으로 위생행정에 관여하게 된 것이다.

그러나 일본 정부는 청조 정부가 추진하고 있던 페스트 대책이 불충분하며 경우에 따라서는 만철 부속지 이외의 지역에서도 '자유행동'을 취하지 않을 수 없다고 주장했다. 고이케 초오조오 펑톈 총영사는 청나라 정부의 의향과 관계없이 독자적으로 페스트 대책을 추진하는 것이 필요하다고 하면서 다음과 같이 본국 정부에 전달했다.

> 청국의 의향 여하를 불문하고 확고한 실력 수단을 취하는 것이 절대적으로 필요하다. 다만 이 수단을 취하는 데 고려해야 할 것은 청국인의 반항이다. 현재 해당 지역에서 상무총회는 일청 공동방역회의 성립에 반대한다. 만약 실시된다고 하면 상무총회의 회원인 유력 상공업자들은 모두 날짜를 정해 폐점해버린다고 하면서 일청 관헌은 손을 떼라고 결의하는 등, 민간 상태는 약간 불온한 조짐이다.
>
> (코이케 총영사에서 고무라 외상에게, 1911년 2월 18일 외무성 기록 『外務省記録·満洲ニ於ケルペスト一件, 日清共同防疫会議』)

문제가 되었던 것은 이러한 일본의 강경한 대응이 펑톈 상무총회를 중심으로 한 유력 기업인들의 일본 제품 보이콧 운동으로 발전할 가능성이 있었다는 점이다.

만주에서의 페스트 유행 속에서 일본이 이 기회를 틈타 중국인을 만주에서 쫓아낼 계획을 갖고있다는 소문과 "페스트 유행은 일본인 또는 일본인이 시킨 청국인이 독약을 우물에 투입한 것에 기인하며," "남북 만주에서는 러일 양국인이 서로 제휴하여 독약을 우물에 투척하여 페스트를 유행시켜 청국인을 섬멸하고 남북 만주 분할 영유하려는 준비(外務省記録 『満洲ニ於ケルペスト一件、一般的防疫施設並北京公使館区域交通遮断』)라는 유언비어가 나돌았다.

경사임시방역국은 이런 소문은 사실이 아니며 국제적 명예와 관련이 있다는 우려를 내무부 경정사警政司에게 전달했다. 중요한 것은 일본의 음모는 사실이 아니더라도, 그런 소문이 돌았던 것은 사실이었다는 점이다.

만주의 페스트는 일본이나 러시아가 원인을 만들어 낸 것은 아니다. 그러나 이 시기 일본과 러시아의 만주 세력 확대에 중국인들이 큰 우려를 갖고 있었음을 보여준다.

일청공동방역기구

일본 정부는 페스트 유행에 대비하고 만주에서의 방역사업을 위해 백만 엔을 임시로 지출하여 전염병연구소의 기타사토 시바사부로北里柴三郎 등을 조사에 파견하였다. 관동도독부도 임시방역사무소(대표 사토 도모쿠마佐藤友熊 경시총장)를 설치하고 1911년 1월 25일 펑톈에 임시방역부를 설치했다. 관동도독 오시마 요시마사大島義昌는 1911년 2월 11일 펑톈의 시량錫良을 방문하여 일청공동방역기관 설치에 대한 교섭을 시작하였다. 일본 정부가 이러한 대응을 취한 배경에는 다음과 같은 이유가 있었다.

> 우리 철도 부속지와 청국 관내는 단지 관할이 다를 뿐 그 밖에 어떤 차이가 있지 않다. 따라서 제반의 '페스트' 예방에 대해 우리 관내에서 주도면밀한 수단을 쓰더라도 인접지를 관할하는 청국 관헌들이 합리적인 방법을 강구하지 못하면 도저히 방어의 실효를 거두기 어려운 것은 말할 필요도 없다. (明治43·4年『南滿洲「ペスト」流行誌』)

일본 측 대표는 사토 도모쿠마佐藤友熊, 구보타 기요치카久保田政周, 고이케 초오조오小池張造 청조 중국 측 대표는 장위안치張元奇(민정사), 한궈쥔韓国鈞(교섭사)이었다. 2월 28일 제1차 회의를 개최하였고, 이후 4월 14일 제8차 회의까지 교섭이 이어졌다.

이 회의의 내용은 다방면에 걸쳐서 있었는데, 어느 쪽이든 구체적 대책의 조정으로 일관하였다. 예를 들어 제 3회 회의(3월 11일)에서는 중국 측이 만철의 1등 객차에 대해 중국인과 타국인을 구별하지 않고 승차시킬 것, 만철이 경영하는 야마토 호텔에 숙박을 허락해줄 것을 요청하자, '일본측은' 제4회 회의(3월 18일)에서 만철의 동의를 얻었다면서 만철 1등 객차는 다음 19일부터 '혼승'을 실행하고, 야마토 호텔에 대해서는 숙박을 거부하고 있지 않다고 회답했다.

일본 측은 이 회의를 발전시켜 일청공동방역기관의 설치를 구상하였다. 그러나 그 생각은 빗나가고 오히려 펑톈에서 국제적 규모의 회의가 개최되는 것으로 되었다. 일청공동방역기관의 파탄은 일본이 페스트 대책을 구실로 내정간섭을 하려 한다는 청조 중국측의 강력한 위기감 때문이었다.

국제 페스트 회의와 정치화

1911년 3월 말 만주 남부에서의 페스트 유행이 진정되자 4월 중순 펑톈전성방역총국奉天全省防疫総局도 폐지되고 각지에서의 특별조치도 중지되었다. 이런 가운데 1911년 4월 3일 펑톈에서 국제 페스트 회의(The International Plague conference)가 개최되었다. 청조 중국의 대표는 시량 외에 외무부 우승인 스자오지施肇基, 우롄더伍連德, 왕언샤오王恩紹이며, 일본에서는 기타사토 시바사부로北里柴三郎, 시바야마 고로사쿠柴山五郎作, 후지나미 아키라藤浪鑑, 모리야마 도오세키守山道碩 등이 참여했다. 그 밖에 러시아 영국 미국 독일 프랑스 네덜란드 오스트리아·헝가리 이탈리아 멕시코에서 대표가 참가했다.

외국 대표는 중국에 주재하는 의관醫官이 중심이었는데, 미국 대표 스트롱은 마닐라 생물학 연구소 연구자, 영국 대표 피트리는 인도 페스트 위원회 회원, 네덜란드 대표는 동인도군 군의관이었다. 또 베이징의 협화의학교의 힐과 아스프랜드, 펑톈에서 의료전도를 하던 크리스티, 상하이 공동조계공부국의 스탠리 등도 회의에 참석했다.

그림 1-6 | 우롄더(위)와 기타사토 시바사부로(아래)

그림은 스탠리가 메모에 남긴 캐리커쳐

필자는 상하이 공문서관에서 이 시기의 공부국 자료를 읽은 적
이 있다. 주된 관심은 상하이 공동조계의 페스트 대책 상황이었다. 그
때 국제 페스트 회의에 참가했던 스탠리의 메모를 발견했다.

그는 자세히 회의 내용을 메모하고 있었는데, 흥미롭게도 회의에
참석한 두 인물, 즉 우롄더와 기타사토 시바사부로의 모습을 회의 자
료의 한 구석에 낙서하고 있었다. 그곳에서의 기타사토는 좀 강한 인
상이다. 한편 중국은 행정문서를 잘 보존하고 있는 나라이며, 최근에
는 급속도로 공개가 진행되고 있다. 그 배경으로는 행정문서를 정리하

고 보존하는 것이 정권의 정통성을 나타내준다고 강력하게 의식하고 있기 때문이다. 청나라 정부와 중화민국 정부의 외교문서는 베이징과 난징, 그리고 타이베이의 공문서관에 보존되어 있다. 상하이 조계의 행정문서는 상하이에 그대로 남겨져서 현재 공문서관에서 열람할 수 있다.

이러한 상황은 중요한 공문을 폐기해 버리는 경우가 많았던 일본과는 분명하게 차이가 있다. 국제 페스트 회의는 만주에서의 페스트 유행의 원인이나 그 대책을 연구하는 의학·위생학과 관계되는 내용을 검토하기 위한 것이었다. 그러나 동시에 청조 정부, 러시아, 일본 그리고 미국의 만주를 둘러싼 속셈이 엇갈리는 무대이기도 했다.

국제 페스트회의는 우롄더를 의장으로 4월 20일까지 계속되며 페스트 유행 상황을 자세히 확인하고, 이를 바탕으로 원인과 대책 등을 토론했다. 참가자들은 이후 하얼빈의 상황을 살펴보고, 청조 정부에 복명서를 기초하기 위한 위원회를 개최하였고, 4월 29일 베이징으로 가서 5월 1일 청조 정부에 보고서를 제출하였다.

20세기 초 만주는 특히 철도를 둘러싼 이권 쟁탈 경쟁이 주요 초점이었다. 또한 청조 정부도 이권 회수를 위한 다양한 움직임을 전개하고 있었다.

러시아나 일본이 페스트 대책을 이유로 중국의 위생사업, 즉 내정에 개입하려 한 것은 위생사업을 통해 영향력을 확대하려 했기 때문이다. 청조 정부는 이에 강한 위기감을 가졌고, 시량은 이 사태를 타개하기를 바랐다. 이렇게 만주에서 페스트 유행이 정치화된 것이다. 청나라 정부가 국제 페스트 회의를 개최한 것은 일본과 러시아의 만주 진출에 대항하기 위해 미국 등에서도 대표를 초청해 페스트의 유행을 정치화 혹은 국제화시킨 결과였다.

제2장

근대중국과 제국일본 모델

近代中国と帝国日本のモデル
Modern china and The Japanese Model
近代中國與帝國日本模式

1. 공중위생의 일본 모델
— 식민지 대만과 조차지 관동주

일본의 위생개혁

19세기 말에서 20세기 초, 1장에서 잠깐 언급했듯이 일본에서도 페스트가 발생했다. 발생지점은 고베 오사카 요코하마 등의 항구 도시를 중심으로 한 지역이었다. 이제 페스트가 일본에 미친 영향에 대해 조금 자세히 살펴보도록 하겠다.

1900년 게이한신京阪神[1]에서의 페스트 발생을 조사했던 기타사토 시바사부로는 페스트가 인도의 콜롬보나 싱가포르 홍콩으로부터의 감염된 것이며, 감염 경로는 봄베이 면화와 중국 쌀이 고베항을 통해 수입되면서 들어왔다고 지적하였다. 급속한 공업화, 특히 면제품 부문의

---

1   역자주: 京阪神은 교토·오사카·고베 의 3개 도시의 총칭. 또는 이들 3개 도시를 중심으로 한 긴키지방의 주요부를 가리키는 지역 명칭이다.

수입 대체 공업화를 추진하던 일본이 인도에서 원료 면화를 대량으로 수입한 점, 또 값싼 중국 쌀을 식량으로 수입한 것이 페스트 감염의 배경이 되었다.

　요코하마에서의 페스트도 거의 같은 상황이었다. 발생은 시내에 집중되었고, 군(郡)에 속한 지역에서의 발생은 극소수였다.

　　봄베이 항에는 '페스트'가 끊임없이 유행하고 있는데, 일본에 침입한 병독은 이들 여러 항구에서 감염된 것이다. 그리고 위 두 항구 다음으로 '페스트' 유행 선박은 실로 대만 항로에 운행하는 것이며, 위 여러 항구에서 요코하마로 수입하는 화물 중 가장 많은 것이 미곡 및 면화로 간주된다. 고베 오사카 지방의 실험 및 우리 요코하마시 환자의 계통 등에 비추어 볼 때 요코하마시에 침입한 병독은 반드시 이들과 밀접한 관계가 있는 것이 분명하다. (神奈川県警察部 『神奈川県「ペスト」流行史』 1910年)

　페스트는 고베 오사카 지역과 마찬가지로 봄베이(현 뭄바이) 홍콩 및 대만에서 수입되는 면화 미곡이 감염 경로였다. 이런 화물을 적재한 선박, 쓰레기나 화물을 담는 폐가방이나 폐가마니에 달라붙어 온 쥐의 페스트균에 감염된 벼룩이 매개 동물이었다. 그래서 이들을 취급하는 근로자와 가족이 페스트에 감염되었다.

요코하마와 페스트

페스트에 대한 대책은 우선 세관에 의한 검역 강화였다. 요코하마 세관의 경우에도 1896~1909년까지 모두 16척의 페스트 관계 선박(적하 및 선원 승객 등에서 환자 발견)이 있었으며, 출항과 기항 지역은 모두 홍콩과 상하이, 대만의 지룽基隆 다거우打狗(현재의 高雄), 인도의 봄베이였다.

페스트가 발생하자 요코하마시 당국은 교통 차단, 쥐 구제 및 수매, 감염지역 건조물 수매와 소각, 위생 강화모임 개최, 격리병원 설치 등을 진행했다.

1902년 첫 번째 발생 시에는 첫 환자가 페스트로 확인되자 즉시 환자가 거주하던 지역에 대한 검사를 실행했다. 검사 결과 페스트균을 지닌 벼룩이 묻어있던 쥐가 검출되자 이 지역에 금족령을 내리고 교통 차단, 쥐 구제 및 수매를 실시했다. 또한 가나가와神奈川 포대 터에 격리소를 설치하여 감염지역 사람들과 가재도구 수용과 소독을 실시하고, 또 페스트환자 발생지역에 전면적인 소각을 실행하였다.

페스트 발생지역의 소각은 경찰이 실시했다. 가옥 소각에는 시 당국으로부터 일정한 보상이 이루어졌지만 반대도 많아서 이 조치는 1차 발생 때만 실시되었다.

위생 내셔널리즘

일본이 페스트의 발생에 대해 기민한 대응을 취할 수 있었던 것은 19세기 중반부터 위생행정을 정비해 온 결과였다. 또한 검역권의 회수도 그 배경이 되었다. 1858년 안세이 5개국조약安政五力国条約[2]에서의 치외법권의 확대 해석에 따라 외국 영사가 선박 검역에 관여하면서 일본의 검역권이 제한되었던 사실은 잘 알려져 있지 않다. 즉, 일본 정부는 외국 선박에 대한 검역을 확실하게 할 수 없었다.

이러한 가운데서도 1879년 「검역정선규칙檢疫停船規則」 등을 제정하여 각국과 교섭하며 검역을 확실하게 실시하기 위한 노력을 거듭 기울였다. 또한 감염병 대책을 추진하기 위해 「전염병예방수칙」(1880년)을 제정하여 콜레라 장티푸스 이질 디프테리아 발진티푸스 천연두를 법정전염병으로 지정하고, 발생 신고·격리병원 설치·환자의 수용·배설물 등의 소각·시신 매장·교통 차단·검역위원 선출 등을 정하였다.

1893년에는 지방관 관제의 개정에 따라 지방 위생행정은 부현府縣 경찰부 위생과의 관할이 되고, 여기에 (중앙) 내무성 위생국-(지방) 부현 경찰부 위생과라고 하는 중앙집권적인 위생행정기구가 확립되었다.

19세기 말 광둥성과 홍콩에서의 페스트 유행 이후인 1897년 「전염병예방법」, 99년 「해항(항구)검역법」을 제정하고, 같은 해에는 치외법권 철폐에 성공하여 검역권을 회수하였다. 조약 개정이 일본의 정치와 사회에 끼친 영향은 매우 컸다. 일본은 국내에서 공중위생행정과 검역제도를 확립하고, 이후 그러한 제도를 식민지와 조차지 점령지로 확대해 갔다.

---

2   역자주: 안세이 5개국조약은 1858년에도 막부가 미국, 영국, 프랑스, 러시아, 네덜란드 5개국과 맺은 수호통상조약이다.

페스트가 발생했을 때 건물 소각을 포함한 강력한 대책이 취해진 근거가 된 것은 전염병 예방법이었다. 이 법은 그동안 전염병 예방수칙과 달리 개인(집)을 단위로 유동 인구를 포함한 개인의 조직화를 통해 감염병 대책을 진행하고자 한 것이다. 또한 페스트 대책을 계기로 각지에 위생 조합이 만들어져 위생행정을 뒷받침하는 조직으로 기능하게 된 것이다.

페스트의 발생은 일본 사회에 엄청난 위기감으로 받아들여졌다. 러일전쟁 후의 노래에서 "뤼순 펑텐 랴오양에서의 용맹스러운 승리도, 페스트라는 적에게 패해 쓰러지면 효험이 없다"거나 "또 이 병이 만연하면 세계 각국 교제도 통상 무역도 중단되고, 국운도 점차 쇠퇴할 것이다"(箱石孝蔵『鼠疫予防 衛生教育 ねずみ唱歌』)로 불리 울 정도였다.

식민지 대만

청일전쟁 강화조약으로 1895년에 체결된 시모노세키조약에 의해 일본은 대만을 식민지로 삼고 1945년 패전까지 약 50년간 통치했다. 대만 통치는 일본 최초의 식민지 통치이고, 그런 의미에서 대만 통치의 기본방식은 일본 사회의 기본방향을 보여주는 것이기도 했다. 또한 나중에 식민지로 삼은 조선이나 조차지인 관동주 등의 통치 기초가 마련되었다. 감염병 대책은 식민지 통치 중에서도 큰 위치를 차지한다. 왜냐하면 대만을 점령한 일본군이 먼저 직면한 것은 페스트와 콜레라, 말라리아 유행이었기 때문이다.

대만에서 페스트는 '홍콩병'이라 불리기도 했다. 홍콩에서 온 선박의 적하물 하역에 종사한 노동자들이 종종 페스트에 걸렸기 때문이다. 또 차를 만들기 위해 홍콩에서 온 노동자나 홍콩에서 피난 온 사람들이 대만에 페스트를 감염시켰다고도 여겨졌다.

식민지 통치를 수행하는 행정기관으로 설립된 대만총독부는 홍콩, 광저우 및 푸젠성의 샤먼廈門에서 오는 선박에 대해 경찰관과 의사가 검역을 실시하고, 페스트 환자의 격리나 유체의 처치, 소독 등의 방법을 정했다.

일본의 대만 영유 직후인 1896년의 상황을 살펴보자.

5월 6일 안핑安平(타이난 민정청)에서 페스트 발생이 확인되자 선박 검역 강화와 동시에 호별 조사와 교통 차단이 개시되었다. 하지만 페스트는 대만 남부에서 북부로 퍼져나가 10월 말에는 타이베이 성城 안에서도 세 명의 페스트 환자가 발견되기도 했다.

이때 발견된 것은 일본인 환자였지만, 실제로는 다다오청大稻埕과 멍자艋舺[3] 같은 대만인이 많이 거주하는 지역에서 페스트가 더 빨리 발생했다고 여겨진다. 9월 초순에는 타이베이 성내의 푸첸제府前街, 시먼제西門街, 베이먼제北門街에 사는 일본인 사이에서도 페스트에 걸려 사망하는 사람이 나왔다. 하지만 일본인 의사는 이를 악성 말라리아로 진단했기 때문에 페스트 발생 확인이 늦어졌다.

표 1은 1896년 타이베이台北, 안핑安平, 타이난台南의 페스트 발생

---

3   역자주: 멍자艋舺와 다다오청大稻埕은 타이베이의 옛 중심지. 멍자가 먼저 번성했으며, 뒤이어 다다오청이 청말에서 일제시기 경제 사회 문화의 중심지로 되었다.

상황을 정리한 것이다. 물론 이 숫자는 확인된 것만이기 때문에 실제로는 더 많은 환자나 사망자가 발생한 것으로 생각된다. 표의 숫자는 성 안에 있는 일본인이 더 많이 사망했음을 보여준다. 그러나 이는 성안에서 일본인이 많이 거주했기 때문이며, 다다오청과 멍자의 사망자 수는 성 안의 상황에 비해 너무 적다. 대만인의 사망자는 신고되지 않는 경우가 많으며, 이 숫자보다 훨씬 많았을 것으로 보인다.

페스트 유행이 확인되자 10월 28일 지방행정기관 타이베이청에 임시 검역본부를 설치하고, 타이베이台北, 신주新竹, 지룽基隆, 수이판자오水返脚의 각 역에서 열차 검역과 다다오청과 단수이에서의 선박 검역을 시작하였다.

멍자, 다다오청의 사상공회士商工會에 대만인 대표자가 모여 페스트 대책에 대한 설교가 이루어졌다. 이에 따라 10월 31일부터 호별조사가 시작되어 타이베이청에 출입하는 대만인의 조사(가족 중 페스트병 환자가 있는지 등)가 실시되었다.

이 때 대만 총독부는 도쿄제국대학 의과대학 교수인 오가타 마사노리緒方正規 등을 초빙하여 페스트에 대한 조사를 실시했다. 또한, 임시 '페스트' 질병 예방위원회를 설치하여 타이베이 시내의 청네이城內, 다다오청, 멍자 등을 몇 개의 구역으로 나누어 순찰을 시작했다.

페스트 대책은 지룽基隆에 임시 격리병원과 수이판자오水返脚에 페스트 환자 수용소를 설치하고, 「위생조합규칙」을 제정하여 소독대를 설치하고(艋舺, 大稻埕에 각각 2조를 배치), 11월 12일 「대만인 '페스트' 병사자 매장규칙」, 13일 「대만인 '페스트' 치료소 규칙」을 제정하는 등의 대책을 연이어 시행했다. 이때 페스트 환자의 가옥에 노란색 종이를 붙여 그 존재를 널리 알리는 조치도 취해졌다.

국내 제도의 '수출'과 반발

호별 조사는 처음에는 의사의 부족으로 인해 경찰관만으로 실시하였다. 하지만 이후 타이베이 현 아래 '공의公醫'를 소집하여 실시하였다. '공의'란 한인과 원주민을 대상으로 대만 각지에 파견되어 의료 활동을 하는 의사 자격을 갖춘 일본인이다.

또한 주목하고 싶은 것은 11월 6일에 제정된 「위생조합규칙」에 따라 청네이城內, 다다오청大稻埕, 멍자艋舺의 세 거리에 위생 조합이 설치된 것이다. 조합별로 규약이 마련되었으며 활동 경비는 조합의 자기 부담이었다.

대만총독부가 실시한 페스트 대책은 일본 국내에서 실시되던 것과 거의 비슷했다. 대책의 기반으로 위생 조합도 조직되었다. 즉 위생 행정 측면에서 일본 내 제도가 대만으로 수출된 것이다.

표 2-1

〈台北〉						地区別			
	城内		艋舺		大稻埕		計		
	台湾人	日本人	台湾人	日本人	台湾人	日本人	台湾人	日本人	
人口	1,036	5,562	18,745	1,424	22,673	1,629	42,454	8,625	
戸数	179	562	3,490	198	6,068	170	9,737	930	
患家	9	56	7	8	5	8	21	72	
患者	12	79	8	13	4	10	24	102	
死者	10	44	8	8	3	5	17	57	

〈台北〉				職業別				
	官吏	商人	職人	労働者	雑業	被傭人	不詳	計
患者	11	19	22	10	18	0	17	97*2
死者	ー*1	ー	ー	ー	ー	ー	ー	ー

〈安平〉			職業別				計	
	官吏	商人	職人	労働者	雑業	被傭人	不詳	台湾人	日本人
患者	0	7	0	33	12	0	0	52	0
死者	ー	ー	ー	ー	ー	ー	ー	ー	ー

〈台南〉			職業別				計	
	官吏	商人	職人	労働者	雑業	被傭人	不詳	台湾人	日本人
患者	0	0	0	0	0	9	0	9	0
死者	ー	ー	ー	ー	ー	ー	ー	ー	ー

*1 사망자 수는 데이타에 없음. *2 환자 수의 합계가 다르지만 출전의 기재대로 함
출전: 台湾総督府民政局衛生課『明治廿九年台湾「ペスト」病流行紀事』
　　　(同所 1898年2月)에서 필자 작성

　　이렇듯 페스트 대책이 엄중하였는데, 예를 들어 검역 결과가 병원에 송치되면 살해당한다는 등의 풍문이 퍼졌다. 또한 그동안 매장이 주를 이뤘던 대만에서 페스트 대책으로 화장이 도입되면서 반발도 확산되었다.

　　1896년의 페스트는 12월 중순이 되어서야 수습되어 임시 '페스트' 병예방위원회도 해산되었다. 하지만 19세기 말에서 20세기 초 대만에서는 페스트가 상당한 규모로 유행하면서 대만총독부에 큰 위협으로 되었다. 대만총독부는 페스트의 일본 내 감염을 막기 위해서도, 식민지

통치를 확립하기 위해서도 위생행정의 정비를 시급한 과제로 삼아야 했다.

군진의학 - 청일전쟁과 감염병

위생행정과 군대의 관계는 그동안 거의 주목받지 못했던 문제이다. 그러나 전쟁과 식민지 통치 속에 군대가 위생행정에 끼친 영향은 매우 컸다.

비교적 알려진 것 중에 각기병 문제가 있다. 청일전쟁에서 환자가 가장 많이 발생한 질병은 각기병으로 전체 환자 수의 약 4분의 1에 이른다. 다만 각기병은 비타민 B의 결핍이 원인이지 감염병은 아니다. 일본군에서 각기병이 많았던 것은 백미 중심의 군대 식단에 원인이 있다. 사실 현미를 채택한 해군에서는 각기병이 별로 문제가 되지 않았다. 이는 육군의 모리 오가이森鷗外와 해군의 다카기 가네히로高木兼寛 사이의 군대 식단을 둘러싼 각기병 논쟁으로 알려졌다. 하지만 전쟁터에서 생명을 걸고 싸우는 장병들에게 식사가 백미인지의 여부는 매우 큰 문제였다. 결코 풍요롭지 않았던 일본군 장병, 특히 징병 병사들에게 언제 목숨을 잃을지도 모르는 전쟁터에서 흰쌀밥에 대한 욕구는 매우 높았기 때문이다.

그럼 감염병은 어땠을까. 대만 식민지화를 위해 1895년 3월 육군이 펑후다오澎湖島에 상륙했다. 하지만 이때 장병의 약 5분의 1에 해당하는 천 명 이상이 콜레라로 사망했다. 청일전쟁 중에 콜레라에 감염된 장병의 총수는 중국 및 대만을 중심으로 약 8천5백 명으로 전체 전쟁 병사자의 약 7%에 달하는데, 이질의 약 10%, 말라리아 약 9% 다음으로 많았다.

청일전쟁에서 많은 장병들이 각종 감염병의 희생양이 되었다. 특히 대만 식민지화를 위한 전쟁(대만 영유전쟁)에서 장병들이 콜레라와 말라리아 등 감염병으로 많은 목숨을 잃었다. 청일전쟁에서 일본군 장병 사망의 약 8할은 실은 대만영유전쟁에 집중되어 있었고, 그 9할이 감염병 등에 의한 전병사(戰病死)였다.

대만 주둔군의 감염병 대책

19세기 말에서 20세기 초 일본은 청일전쟁, 의화단 사건, 러일전쟁 등 세 차례에 걸쳐 해외에 군대를 파견했다. 이 중 감염병으로 가장 큰 피해가 발생한 것은 청일전쟁이다. 청일전쟁은 여러 감염병이 기승을 부린 전쟁이기도 했다. 그 결과 청일전쟁 이후 일본군이 한반도 중국대륙과 대만에서 철수할 때 나중에 대만총독부 민정장관이 된 고토 신페이後藤新平가 입안한 엄격한 검역이 실시되었다. 일본군은 청일전쟁의 경험으로 이후의 파병에서는 주도면밀한 대책을 실시하였다. 그 결과 의화단 사건이나 러일전쟁에서는 콜레라 등의 감염병으로 인한 피해는 꽤 억제되었다.

대만에 주둔한 일본군의 상황도 살펴보자. 육군성 의무국장 이시구로 타다노리石黑忠悳 (1845~1941)은 1895년 11월 대만 영유 후 주둔군

의 의료·위생에 관한 의견(「台湾戍兵ノ衛生ニ就テ意見」)을 제출하였고, 실제로 대만을 시찰한 후인 1986년 11월에 제2차 의견서를 제출했다. 그 내용은 아래와 같다.

① 주둔지에 상하수도 설비를 설치한다
② 일본인 거주자와 대만인을 구획하고, 군대를 통해 이를 유지한다
③ 병영·식량의 완비, 오락 제공
④ 장병 주둔은 1년 단위로 하는데, 예를 들어 센다이仙台 장병들을 대만에 주둔시키기 위해서는 일단 구마모토熊本에 주둔시켜 기후 변화에 적응한 후 대만에 주둔시킨다
⑤ 주둔군 교체는 겨울철에 실시해 장병들의 피로를 줄이고 국내로 감염병이 유입되는 것을 방지한다
⑥ 위생 관련 인원을 증가시킨다.
⑦ 아편 흡입을 엄금한다.

(石黒忠悳『台湾ヲ巡視シ戍兵ノ衛生ニ付キ意見』1896年12月)

여기에서 이시구로가 거류지 제도를 예로 들면서 구획 설정의 필요성을 지적했다는 점이 주목된다. 그 배경에는 개항 직후에 일본이 '불결'했지만 위생행정의 전개로 그것을 극복했다는 인식이 깔려 있다.

일본군 장병의 대만 기후 적응과 일본 국내로 감염병 반입을 막기 위한 조치 등이 제안된 점도 주목된다. 또 수도 설치 필요성이 강조된 것은 앞서 언급한 바와 같이 펑후다오에서 대량의 콜레라 환자와 사

망자가 발생한 데 따른 것이다. 대만의 수도에 대해서는 고문으로 활약한 윌리엄 버튼[4]의 실적이 잘 알려져 있다.

버튼은 도쿄 제국대학 공과대학에서 위생공학 교사를 지낸 '고용 외국인'이었다. 고토 신페이의 추천에 의해 대만총독부 고문이 되어 1989년 8월부터 타이베이에서 조사를 실시하였다. 버튼은 같은 해 12월부터 상하이 홍콩 싱가포르를 시찰하며 상하수도 및 감염증 발생 시 가옥 취급 등을 조사하였고, 이러한 조사를 바탕으로 타이베이의 상하수도 건설 계획을 수립했다.

대만에서의 주요 수도의 설치는 단수이淡水의 수도(1899년)부터 시작되어 1916년까지이다. 지룽基隆(1902년)·타이베이台北(09년)·퉁리銅里(10년)·스린士林(11년)·베이투北投(11년)·자이嘉義 (11년)·다거우打狗(11년)·헝춘恒春(12년)·다자大甲(12년)·더우류斗六(12년)·바리샤叭哩沙(14년)·장화彰化(14년)·타이중台中(16년)·아허우阿猴(16년) 등에 각각 수도가 설치되었다.

---

4   역자주: 윌리엄 버튼(William Kinnimond Burton, 1856~1899)은 대만의 일본식민지 시기 대만의 상수도 시스템 설계에 기여한 영국의 엔지니어이다. 스코틀랜드 에든버러에서 1856년 태어나 1887년 일본으로 가서 도쿄제국대학 위생공학 교수가 되었다. 그는 1896년 일본 정부의 요청으로 대만에 가서 3년동안 머무르면서 포괄적인 위생조사를 시행하고 대만 수도 개발의 토대를 마련했다.

고토 신페이와 「대만 통치구급안」

일본의 대만 식민지 통치가 개시된 19세기 말은 감염병의 다양한 원인이 세균 등 병원성 미생물에 있는 것으로 밝혀진 '세균학설'의 확립 시기에 해당한다. 구미 국가들은 이를 바탕으로 예방의학을 발달시키고 공중위생사업을 정비해 감염병으로 인한 사망률을 낮췄다.

이 결과 공중보건사업을 진행하기 위한 주체로서 정부의 역할이 확대되고 '큰 정부'가 점차 일반화되었다. 즉, 국가에 의한 위생사업의 제도화이다. 일본의 위생행정도 이러한 흐름 속에서 정비되었다.

중요한 점은 위생사업의 제도화가 식민지에도 강제되었다는 것이다. 근대 국가가 위생사업을 제도화하는 것은 통치를 위한 수단으로서의 위생사업의 행정화를 의미한다. 그것이 식민지에도 적용된 것이다. 식민지 위생사업의 제도화는 흔히 통치정책 중 '선정善政'으로 언급되는 경우가 많지만, 실제로 위생사업의 제도화라는 근대화야 말로 바로 식민지화였다.

1898년 대만총독부 민정장관이 된 고토 신페이(1857~1929)는 대만에서의 위생행정 확립에 결정적인 영향을 끼쳤다.

고토 신페이는 아이치愛知현립병원장을 맡은 후, 독일에 유학해 로베르토 코흐(Robert Koch)[5] 밑에서 위생학을 배웠다. 귀국 후 청일전쟁

---

5   역자주: 하인리히 로베르토 코흐(Heinrich Hermann Robert Koch, 1843~1910)는 독일의 의사, 미생물학자이며, 탄저균과 콜레라균을 규명하여 '세균학의 아버지'라는 평가를 받고 있다. 1882년에 결핵균을 최초로 발견했으며 이 발견으로 인해 1905년 노벨 생리학·의학상을 수상했다.

귀환 병사 검역을 감독하였고, 내무성 위생국장으로 국내 위생행정 재편에 수완을 발휘했다. 1896년에는 대만총독부의 위생 고문이 되었다. 그 목적은 주로 아편 정책의 확정에 있었다고 생각되지만, 고토가 작성한 「대만 통치구급안」은 이후 민정장관이 되면서 대만 통치의 마스터플랜이 되었다. 고토는 내용 중에 다음과 같이 기술하였다.

> 대만 행정 중 가장 개선이 필요한 부분을 꼽으라면, 그 중 가장 시급한 것은 종래 이 섬에 존재하던 자치 행정 관습을 회복하는 것이다. 대만 인민은 오랜 세월 동안 청국 정부에서 화외化外의 백성으로서 방임되었는데, 문화 수준에 비하면 오히려 자치 제도는 놀라울 정도로 발전하였다. 즉, 보장가사堡莊街社[6] 등에서 자치 자위의 옛 관습이 뚜렷하게 보인다. 이들 각 자치단체에서의 방법이 오늘의 이치에 맞는지의 여부는 잠시 제쳐두더라도, 경찰재판 토병土兵 세금 거두는 방법 등에 이르기까지 하나도 빠짐없이 갖추어져 있다. 이 자치제의 관습이야말로 대만 섬의 일종의 민법이라고 해도 이상하지 않다.

고토가 주목한 것은 대만의 지방제도였다. 홍콩의 영국 식민지 통치가 과학적 시설 철도 수도 전신 병원 등에 의해 민심을 변화시키려고 노력하고 있다고 하면서도, 법령의 강제나 변경은 식민지 통치의 본질이 아니라고 하였다.

---

6   역자주: 보장가사堡莊街社는 청대 이래 지방행정 말단의 자치조직이다.

고토는 그동안 일본의 대만 통치가 자칫 옛 제도와 질서를 파괴하는 방향에 있었다는 점을 비판하면서, 대만의 지방제도인 보장가사의 부활(이를 통해 행정경비의 삭감을 도모)을 강조하고, 동시에 경찰제도·사법제도의 개정, 지방행정의 개혁, 외채를 통한 척식拓殖, 재정면에서 아편의 점진적 금지정책의 채택, 철도·항구 건설·상하수도 부설, 중국 연해항로 확충, 외국 신문에 대만 통치의 선전 등의 구체적인 방안을 제안했다.

고토가 대만 통치의 이념으로 삼은 것은 옛 관습의 온존주의이며, 재래질서의 유지를 통해 대만인의 봉기를 줄여서 대만총독부 특별회계의 재정지원을 반으로 줄이려는 것이었다. 이를 위해 대만 사회의 재래질서를 자치적인 기관으로 바꾼 점이 큰 특징이었다.

고토는 그 후 실제로 대만총독부 민정장관이 되어 일본 내의 위생행정 제도를 대만에 도입했다. 항구검역 제도의 확립, 총독부 의원의 건설이나 공의제도, 대만총독부 학교를 통한 현지인 의사 양성, 서양의학 의사의 공인과 중국의학 의사의 점진적 금지 정책과 수도 건설 등의 정책이 다방면에 걸쳐 이루어졌다.

위생 총독 다카기 토모에

일본의 대만 통치에 고토 신페이의 역할이 무엇보다 강조되고 있는데, 고토를 지지했던 여러 인물들이 있다. 예를 들어 위생행정에서 수완을 발휘하여 '위생 총독'이라 불리던 다카기 토모에高木友枝

(1858~1943)를 들 수 있다.

다카기는 후쿠시마福島현 이와키磐城시(현 이와키시)에서 태어나 도쿄제국대학을 졸업하고 후쿠이福井현립병원장, 가고시마鹿児島현립병원장을 거쳐 기타사토 시바사부로北里柴三郎가 소장으로 있는 전염병연구소의 조수가 되었다. 홍콩에서의 페스트 조사(1894년)와 청일전쟁 후 니노시마似島 임시 육군검역소 콜레라 검역(1895년)에 종사했고, 1895년부터 전염병연구소 치료부장겸 혈청약원장을 지낸 후 1900년 내무부 위생국 방역과장이 되었다.

다카기는 고토 직계의 인물로, 1891년 타이베이의원 원장, 대만총독부 의료학교 교수 겸 교장, 그리고 경무부 위생과장이 되었다. 즉 식민지 의료·위생행정의 책임자이자 의사 양성 기관의 장이자 치료 체계의 정점에 위치하게 된 것이다. 다카기의 권한과 책임의 크기를 알 수있다.

그렇다면 대만총독부는 어떤 의료·위생 정책을 채택했는가. 1895년 6월 타이베이의 다다오청에서 대만의원을 개설하고 이듬해 타이중, 타이난에도 의원을 개설했으며, 동시에 타이베이현의 단수이淡水·지룽基隆·신쥬新竹·이란宜蘭에 진료소를 개설했다. 공립의원은 1920년대까지 타이베이·지룽·이란·신쥬·타이중·자이嘉義·타이난·가오슝·핑둥屛東·타이둥台東·화롄강花蓮港·펑후다오澎湖島의 21의원 체제로 되었다.

그러나 이러한 의료 기관은 개업의와 사립의원도 포함되어 있으며, 도시 지역에 편재되어 있었다.

대만총독부는 1896년 5월 「대만의업규칙」을 제정해 의사 자격을 명확하게 정리하였다. 이것은 서양의학 의사만의 의료 행위를 인정하는 것으로 일본 국내 제도를 도입한 것이다.

한편 대만에는 19세기 말 단계에서 약 2천 명의 중국의학 의사(의생)가 있어 그 처우가 큰 문제로 되었다. 이에 1901년 7월 「대만의생면허규칙」을 제정하여 의생을 공인하고, 지방청은 치료행위를 허가하는 '의생면허증'을 주었다.

그러나 그 후에는 새로운 면허증을 발급하지 않고, 의생을 점차 감소시켜 가는 방침을 채택했다. 이는 일본의 의료·위생 개혁 과정에서도 채택된 정책이며, 이후 조선에서도 거의 비슷한 정책을 채택했다.

의료제도 중 주목받는 것은 앞서 언급한 공의제도이다. 1896년 6월 「대만공의규칙」을 제정해 각지에 일본인 의사를 공의로 파견해 의료 활동에 종사케 하는 동시에 경찰의를 겸임시켰다. 일본 영유 이전부터 아편을 흡입하고 있던 사람들의 흡입 공인도 전문의의 몫이었다. 공의제도는 당초 150명 정도로 충당할 계획이었지만, 좀처럼 잘 진행되지 않아 실제 부임은 약 80명 정도였다.

보갑제도와 의학교의 설치

1898년 8월 「보갑조례保甲條例」가 제정되어 치안 유지가 최대 목적인 보갑제도가 도입되었다. 보갑은 가장街庄 구역의 10호를 1갑으로 하고, 10갑을 1보로 하여 인근 주민들로 조직되었다.

1902년의 보갑의 총수는 4,085보(41,660갑)정도 되었는데, 인구조사와 감염증 대책 및 다양한 사회사업의 기반으로 되었다. 보갑의 우두머리인 '보정保正'의 직무에는 감염병에 걸린 환자의 보고도 있었고, 봄가을 두 번의 청결법도 보갑을 단위로 실시되었다. 1905년 10월에 실시된 최초의 인구조사도 이를 바탕으로 진행되었다.

또한, 보갑제도를 기초로 위생행정을 뒷받침하기 위한 조직으로 위생조합이 설립되었다. 1901년 6월에는 위생조합이 69개에 이르렀다. 이 중 일본인 위생조합은 4개, 대만인 위생조합은 16개, 일본인-대만인 합작으로 설립된 위생조합은 49개였다. 위생조합의 설치는 타이베이보다 타이난에서 더욱 많이 진행되었다. 대만총독부는 페스트 대책을 통해 위생조합을 조직화하며대만인 사회와의 관계를 구축해 나갔다.

한편 시간을 조금 거슬러 올라가 보면 1897년 4월 대만총독부 타이베이의원에 부속토인의학강습소附屬土人医学講習所를 설치하고, 이를 기초로 1899년 4월 대만총독부의학교를 개설했다. 설립 목적은 대만인 의사 양성이었다. 학생 수업료는 면제였고 생활비를 지급하였다. 그 후 대만총독부의학교는 방침을 전환하여 1917년도부터는 자비생自費生만으로 하고, 18년 의학전문부(수업연한 4년, 전문학교령에 준거)를 함께 설치하여 일본인의 입학을 인정하였고, 19년 대만총독부의학전문학교로 개칭

(동 졸업생은 대만에서 의료 행위를 할 수 있는 의학 '득업사得業士' 자격을 얻는다)하
였다. 동시에 열대의학 전공과 및 연구과(수업연한은 전공과 1년, 연구과 3년,
1923년까지)를 설치했다.

대만총독부의학교는 오키나와와 규슈에서 많은 일본인 학생을
받으면서 성격이 변하여 1927년 5월 대만총독부 타이베이의학전문학
교(이하 타이베이의전)로 개칭하였다. 1934년에 타이베이 제국대학 의학부
가 개설되자(타이베이 제국대학 개설은 1928년), 타이베이의전은 타이베이제
대 의학부 부속 의학전문부가 되어 의사 양성을 계속 수행했다.

이렇게 대만에서는 의학교가 '새로운 과거科擧'의 역할을 담당하
며 대만인 남성들 사이에 새로운 엘리트층을 탄생시켰다. 그러나 이러
한 계층은 동시에 반식민지주의 운동의 담당자가 되기도 했다. 또 대만
총독부는 여성을 위한 의학교육기관을 설치하지 않았기 때문에 부유
층을 중심으로 일본에 유학하여 여의사가 되는 사람들도 등장하였다.

대만에서의 이러한 시책은 이후 조선과 관동주에 적용되었다. 다
음으로 러일전쟁 이후 얻게 된 조차지 관동주의 상황을 살펴보자.

관동주의 위생행정

관동주關東州는 대만과 마찬가지로 일본이 공중위생에 주력했던
외곽 지역이었다. 중국 랴오둥 반도 남서단에 위치한 관동주는 면적이
돗토리鳥取현 정도이지만 무역항인 다롄, 군항인 뤼순을 안고 있는 지
리적으로 중요한 지역이었다.

관동주는 청일전쟁의 결과로 일본의 조차지가 되었으나, 프랑스 러시아 독일의 삼국간섭으로 청조 정부에 반환되었다. 그러나 1898년 이번에는 러시아가 관동주를 조차지로 삼아 다롄과 뤼순의 도시 건설을 시작했다. 러시아가 관동주를 조차한 기간은 극히 짧았지만 위생사업의 중요성은 충분히 이해하고 있어, 동청철도가 경영하는 철도병원 및 중국인을 대상으로 전염병 병원 설치, 위생위원 선출 및 검균(매독검사) 등을 실시했다.

러시아는 다롄 시가지를 행정시가, 유럽시가, 중국인시가의 세 지역으로 구분했다. 즉 러시아의 기본적인 정책은 중국 사회와의 접촉을 가급적 줄이자는 것이었다.

러일전쟁 중에 일본군이 다롄을 점령하자 러시아의 도시계획을 계승하여 군용지구, 일본인 거주지구, 중국인 거주지구의 세 지역으로 구분했다. 그러나 러시아와 같은 구분을 취할 수는 없었다. 도시 기능의 유지를 위해서도, 또 이권 획득을 위해서도 중국인 사회와 관계를 맺는 것이 불가피했기 때문이다. 다만 중국인이 일본인 거주구에 거주 영업하는 경우에는 본인 및 가족, 고용인의 관적(본적에 해당한다. 가족주의가 강한 한인사회에서는 특히 중요한 의미를 지님)·성명·나이 등을 기입한 원서를 제출하고 허가를 받아야 했다.

러일전쟁에서 일본이 승리하면서 일본은 관동주 조차지의 행정권을 다시 장악했다. 공의제도가 1907년부터 도입되어 라오후쉰老虎醮·류수툰柳樹屯·샤오핑다오小平島·후자툰胡家屯·진저우金州·푸란뎬普蘭店·산시툰山西屯·피즈워貔子窩에 공의가 파견되었다. 이 제도는 앞서 기술한 바와 같이 1896년부터 대만에서 실시되던 제도를 도입한 것으로, 나중에 조선과 만주국에서도 실시된다.

관동주 위생행정을 뒷받침하는 역할을 담당했던 것은 대만에서 실시된 '보갑제도'였다. 관동주의 경우는 대만과는 명칭은 다르지만 동일한 중국인 지방조직인 '회會'를 기초로 하며, 약 10호에서 20호를 1갑으로 하는 주민조직을 기초로 한다. 그 목적은 연좌제에 의한 치안 유지와 도로 정비 등이며 감염병이 발생했을 때 이를 갑장에게 보고하고 예방·소독 등을 실시하는 것도 그 임무였다. 1909년에는 우선 진저우, 푸란뎬, 피즈워와 각 민정지서의 관내에 보갑제도가 실시되었다.

관동도독부는 1907년 봄부터 종두를 개시하였는데, 공의를 통해 중국인 사회에도 이를 실시하였다. 그러나 종두는 중국인 사회와 갈등 원인이 되기도 했다. 종두가 독약이라거나 실험 재료로 삼기 위해서라는 소문이 돌았기 때문이다. 관동도독부는 일본인 순경과 중국인 순보巡補, 회용會勇(자경단에 해당)을 동원하여 종두를 실시했다.

종두 실시실적은 식민지 위생행정의 특징을 잘 보여주는 지표 중의 하나이다. 예를 들어 영국령 인도에서도 1880년에 종두를 의무화하는 법률이 제정되었다. 그러나 실제로는 실시가 어려워 20세기 초 종두 실시실적은 10%가 채 되지 않았다. 이와 비교하면 관동주와 일본 통치 지역에서의 종두 실시실적은 대체로 높았다고 생각된다.

이상과 같은 위생사업은 식민지 통치의 '선정'으로 평가되는 경우가 있다. 하지만 다른 시각으로 보면 그만큼 식민지 정부가 현지 사회를 장악하고 있었음을 보여준다. 즉, 의료 및 위생사업은 현지 사회에 대한 식민지 통치정책의 침투를 도모하는 수단이었다.

다롄위생조합

다롄 위생행정의 기초가 된 것은 다롄위생조합이다. 관동도독부는 1907년 「위생조합규칙」을 제정해 지구별로 위생조합을 조직하고 중국인들도 이에 참여시켜 위생비를 징수하고, 종두 보급 등을 포함해 위생행정을 실행하는 단위로 삼았다. 다롄위생조합은 설립 초기에는 조합장(요시다 가이치로吉田嘉一郎) 1명, 부조합장(류자오인劉兆尹 외) 2명, 위생위원(히라타 소이치平田惣一외 중국인 포함) 38명, 상의원常議員 10명으로 구성되며 다롄 민정서가 멤버를 선임했다. 1907년부터는 각 지구 주민들이 선거로 위생위원(正副 2인)을 뽑아 위생위원회를 조직하는 제도로 변경되었다.

이때 조합장에는 호선으로 가와카미 켄조川上賢三가 선출되었다. 가와카미는 사가佐賀현 가라쓰唐津 출신으로 중학교 졸업 후 상경해 담배 가게에서 근무한 뒤 블라디보스토크로 건너가 잡화상을 운영했다. 이후 뤼순에서 건축업을 경영하며 러일전쟁 중에는 일본군에 적극 협력해 다롄 재계를 대표하는 다롄실업회의 회장이 된다.

가와카미 뒤에 조합장이 된 것은 이시모토 칸타로石本鑽太郎였다. 이시모토는 상하이에 유학해 미쓰비시 상하이 지점에 근무한 뒤 청일전쟁에는 통역으로 종군했다. 1896년부터 대만총독부에서 근무하다 러일전쟁에 통역사로 종군한 뒤 나중에 다롄 시장이 된 인물이다.

다롄위생조합 부조합장에는 일본인과 함께 중국인도 선임되었다. 1911년부터 궈쉐춘郭学純, 장번정張本政, 류웨이옌劉維鹽, 쉬루이란徐瑞蘭이 차례로 부조합장에 선출되었다. 이 중 장번정은 뤼순에서 태어나 즈푸芝罘의 더허德和양행 지배인을 거쳐 1902년 정지政記양행을 설립하여 해운업에 활약한 다롄 재계의 핵심 인물 중 한 명이다.

다롄위생조합은 다롄 시내의 오물 청소, 거리의 물 살포, 감염증 대책 실시를 임무로 하였으며, 1915년 시제市制가 시행될 때까지 다롄 실업회, 위생조합, 반상회 등 3개 단체가 다롄민정서의 통치를 받고 있었다. 중국인 주민 조직은 없었고, 위생조합이 그 역할을 수행했다.

홍지선당

홍지선당宏濟善堂은 관동도독부의 인가를 받아 다롄 홍지채표국 宏濟彩票局 총변總弁 류자오인劉兆尹(다롄위생조합 설립 시 부조합장), 협변協弁 궈쉐춘郭学純(1911년부터 부조합장)에 의해 1908년에 설립되었다. 그 모체 는 1905년 류자오인과 궈쉐춘 등이 조직한 다롄공의소(훗날 다롄화상공의 회大連華商公義會)이다.

홍지선당은 과부와 고아 보호, 유아 양육, 양로, 아편 문제 처리, 운관(시신을 넣은 관의 고향 운반), 묘지 관리, 빈곤 대책, 약품 공여, 구제 의 료 등 사회사업 전반에 관여하며 1909년부터 중국인 거주지구에 있는 샤오강즈小崗子병원을 홍제병원 관리하에 두고 운영해 왔다.

홍지선당의 운영 경비는 채표(복권) 11만장 발행에 의한 9,200엔 중에 4,500엔을 관동도독부에 납입하고, 1,800엔을 운영 경비, 나머지 2,700엔을 구제 경비에 충당했다. 토지는 관동도독부가 대여해주었다.

1906년 관동도독부는 아편의 수입 제조 판매를 판궈중潘国忠에게,

그 후 1907년부터는 이시모토 칸타로가 경영하는 아편 총국의 특허로 삼아 아편 판매액의 10%를 관동주 재정의 지방비로 편입했다.

관동주 재정에서 차지하는 아편의 역할은 매우 컸다. 식민지 재정과 아편의 관계는 관동주 뿐만 아니라 대만의 아편 전매나 영국의 싱가포르 통치나 홍콩 통치에서도 마찬가지였다.

20세기에 들어서면서 아편에 대한 재정의존은 엄격한 비판의 대상이 되었다. 국제적인 비판이 높아지는 가운데 관동주는 1915년부터 이것을 홍지선당에 허가하고, 특허료를 관동주 지방비로 이월하기로 했다. 즉 홍지선당이라는 중국인 조직을 연계시켜 비판을 피하려고 한 것이다. 예를 들면, 1918년의 관동주 재정의 지방비에서 홍지선당의 특허료는 총수입의 약 3분의 1에 이른다. 관동주 조차지 행정이 홍지선당을 통치기구의 내부에 편입시켰다고 볼 수 있다.

관동주에서의 페스트

1910년부터 11년, 만주 전역을 석권했던 페스트는 다렌과 관동주도 덮쳤다. 다렌 민정서가 페스트 예방에 대해 주의를 발표한 것은 꽤나 빨랐는데, 1910년 11월 20일의 일이다.

만철 부속지에서는 1910년 12월 31일 창춘 남쪽 멍자툰孟家屯과 판자툰范家屯 사이의 차 안에서 첫 번째 페스트 환자가 발견되었다. 이후 창춘長春·공주링公主嶺·스핑제四平街·카이웬開原·펑텐奉天·푸순撫順·진저우金州·다렌大連 등에서 총 228명의 페스트 환자가 발견된다.

육상검역은 1911년 4월까지 합계 109만 명 (중국인 약 104만 명, 일본인 약 5만 명)을 대상으로 진행되었다.

다롄에서 첫 번째 환자가 발견된 것은 1911년 1월 5일이었다. 이 환자는 산둥성 덩저우登州부 펑라이蓬萊현 출신의 산둥쿨리인데, 이후 다롄에서는 호별 검사가 시작되어 쥐 한 마리를 5전에 수매하였다. 또한 대책을 충실히 하기 위해 고베에서 6명의 검역 의사를 초청하였다.

페스트 환자가 발견되자 일본인 상점이 고용하던 중국인의 일제 해고와 시설 출입 금지가 시행되었다. 이때 중국인 해고가 잇따랐고 다롄에서는 일본인 실업자가 감소했을 정도였다.

1911년 1월 13일부터는 다롄 부두 출입이 제한되고, 다롄 뤼순에서 출항하는 선박의 선원과 승객 전원에 대한 검역이 개시되었다. 선박 감시소가 설치되어 정크선에 대한 검역도 실시되었다.

중국과 조선의 국경에 위치한 안둥安東에서는 미국 영사의 의견에 따라 방역사무소를 설치하고 순경국이 자치회 총상회와 공동으로 소독대 시신매장대 사검대査檢隊를 조직하며 페스트 대책에 임했다. 결과적으로 안둥에서의 페스트 발생은 경미하였다. 그러나 국경 인근 펑황청鳳皇城에서 페스트 환자가 발견된 것을 계기로 조선총독부에서는 1911년 1월 하순 신의주 및 인천에서 검역을 개시하였다.

조선총독부는 활발하게 정보를 수집하며 대한의원(훗날 조선총독부의원)과 순화원順化院(경성전염병원)의 의사를 다롄 펑톈 창춘에 파견하여 조사에 임하게 하였다. 중국에서 온 정크선이 페스트를 조선에 퍼뜨릴 것을 우려했기 때문이다. 하지만 결국 조선에서 페스트는 발생하지 않았다.

관리되었던 쿨리

페스트 유행 속에서 문제가 된 것은 다롄 부두의 하역 노동을 담당했던 산둥쿨리를 중심으로 한 중국인 노동자의 존재였다. 그래서 페스트 발생을 계기로 이들을 다롄 시가지 중심부에서 부두 동쪽의 스얼거우寺兒溝(부두 노동자)와 서쪽의 샤오강즈小崗子(기타 노동자)로 이동시켜 관리를 강화하자는 계획이 제출되었다.

산둥쿨리의 관리는 페스트가 발생하기 전부터 이미 실시되고 있었다. 1907년 다롄 경찰서는 당시 진메이초神明町·사쓰마초薩摩町·난산루南山麓·다롄大連신사·이즈모出雲신사 부근에 생활하고 있던 산둥쿨리의 오두막(호수는 약 700~800)을 철거하고 땅을 평평하게 만들어 버렸다. 이 결과 그들은 덴키유엔電氣遊園, 샤오강즈로 이동하였다.

다롄 부두의 하역 노동자 관리는 1926년에 만철로 이관되기 전까지는 아이오이 요시타로相生由太郎가 설립한 푸창공사福昌公司에 의한 도급으로 운영되었다. 아이오이는 후쿠오카 출신으로 도쿄고등상업학교 졸업 후 일본 우선郵船, 중학교원, 미쓰이 광산을 거쳐 1904년부터 미쓰이물산 모지門司 지점에서 근무했다. 1907년 만철 다롄 부두 사무소장이 되었고, 1909년 푸창공사를 설립하였다. 아이오이는 나중에 다롄 재계를 대표하는 다롄 상업회의소의 회장이 된다.

푸창공사는 설립 초기 7명의 '쿨리 두목(大苦力頭)' 밑에 약 8천 명의 부두 노동자를 거느리고 있었다. 즉 실질적으로는 '쿨리 두목'에 의한 도급에 가까웠다.

1911년 1월 다롄에서 페스트 환자가 발견되고 사망자도 발생하자 부두 노동자들은 부두에 격리되어 시가지 출입을 금지당했고, 다롄 서부의 샤오강즈(푸창공사의 히구치 미츠루樋口滿이 관리자)와 동부의 비산좡碧山莊쿨리 수용소(푸창공사의 아이오이 요시타로相生由太郎가 관리자)로 집결되었다.

비산좡 쿨리 수용소는 다롄 부두 동부, 후에 검역시설이 설치된 스얼거우에 건설되었다. 아이오이는 비산좡 쿨리 수용소 설치 이후 1911년 10월에 '쿨리 두목'를 해고하고, 다시 '쿨리 소두목'에게 하역노동자를 관리하게 하였다. 이 제도는 모지항門司港의 하역 노동자 관리를 모델로 한 것이다. 페스트 발생을 계기로 이루어진 비산좡 쿨리 수용소 설립은 부두 노동자를 직접 관리하여 경영을 합리화하기 위한 것이었다.

비산좡 쿨리 수용소에서는 봄 가을 1회 정기적인 대소독 및 임시 청결법의 시행과 침구 등의 햇빛 소독을 시행하고, 다른 지역에서 감염병이 발생하면 무료로 모든 거주자에게 예방주사와 종두를 실시하였다. 비산좡은 온돌이 있는 벽돌집 숙소에 병원을 부설하였고, 내부에 중국인들의 항해의 신인 마주媽祖를 모신 톈허우궁天后宮(天德寺)도 설치하여 시설이 좋다고 소문나기도 했다.

다롄 시내에는 다롄 차부車夫 합숙소라는 산둥쿨리의 관리 기관도 설치되었다. 산둥쿨리는 시내의 차부와 마부인데, 오미쵸近江町, 시키시마쵸敷島町, 마츠공원松公園 부근에서 생활하고 있었다. 하지만 페스트가 발생하자 부근의 일본인들이 이전을 요구했기 때문에 1911년 산현山縣 거리 시장에 수용소를 가설하여 다롄 차부 합숙소가 설치되었다. 이곳에 입소하지 않은 사람은 다롄에서 영업이 금지되었는데, 처음 약 600명의 근로자를 수용하였고, 이후 이즈모쵸出雲町로 이전해 규모를 키웠다. 1920년대 초에는 가족을 합쳐 약 2천 명이 다롄 차부 합숙소에서 생활하게 되었다.

이처럼 페스트 유행을 계기로 다롄에서는 산둥쿨리에 대한 직접적인 관리 - 사실상의 격리 - 가 진행되었다. 이러한 대응의 배경으로 위생을 기준으로 중국인에 대한 차별적인 관념이 있었음은 말할 필요 없다. 비산좡 쿨리 수용소와 다롄차부합숙소 설치는 다롄 위생행정의 역사적 성격을 단적으로 보여준다.

식민지의학·제국의료

19세기 중반 이후 서유럽에서는 콜레라 대책을 계기로 위생사업이 제도화되어 정부가 공중위생기구의 정점에서 의료·위생사업에 적극 개입하는 국가의료(state medicine)와 국가위생(state hygiene)이 추진되었다.

또한 위생 자체가 갖는 개인 관리의 측면이 주목되면서 위생사업의 제도화는 사회제도 개편의 계기가 될 가능성을 지니고 있었다. 위생사업의 제도화는 위생을 통해 정부가 개인과 어떤 관계를 맺느냐 하는 문제이기도 했다.

의료·위생 사업의 제도화는 결코 구미 사회에 한정된 것은 아니었다. 19세기 말부터 20세기 초, 의료·위생사업의 글로벌화가 일어났다. 식민주의의 전개로 근대 서양의학과 그에 근거하는 위생학이 아시아·아프리카 등의 식민지 사회에 강제되었기 때문이다.

열대지역의 식민지 통치 중에 열대의학(tropical medicine)이 발달하였고, 강제적으로 식민지 의학(colonial medicine)과 제국의료 (imperial medicine)가 발달하게 되었다. 식민하는 측의 신체·건강을 유지하는 것이 특히 군대에서 요구되면서 군진 의학도 중요한 역할을 담당하게 되었다. 이러한 식민지 의학과 제국의료의 발달이 식민지 통치를 가능케 한 중요 도구로 되었다.

일본의 식민지가 된 대만이나 조차지가 된 관동주에서도 다양한 방법의 감염병 치료(치료의학)와 감염병의 메커니즘 연구를 통한 감염 억제(예방의학)가 발달하였고, 이러한 지식을 사회제도에 반영한 위생사업의 정비를 통해 감염병 방지(공중위생)가 진행되었다.

그 결과 대만에서는 1910년대 중반까지 페스트 발생이 거의 없어지며 억제에 성공했다.

대만에서의 일본인의 보통사망률은 19세기 말에는 높은 수준이었으나 이후 극적으로 낮아졌고, 동시에 대만인의 보통사망률도 20세기 초의 3.5%에서 1920년대 중반에는 2.5%로 낮아졌다. 사망률 저하는 의료·위생사업 전개, 수도 보급 등 위생 인프라 정비에 따른 질병 구조 변화에서 요인을 찾을 수 있다.

그리고 위생사업의 제도화는 대만총독부의 대만인 사회에 대한 권력 개입을 도모하는 지렛대로 되었다. 이것을 근대 일본의 제국의료라고 부른다면, 근대 일본의 제국의료는 대만 식민지 통치의 중심에 위치한 것이다. 또한 근대 일본 최초의 식민지인 대만에서 추진한 위생의 제도화는 다른 식민지와 조차지에도 적용되었다.

2. 중화민국과 공중위생

신해혁명과 위생국 설치

근대 일본은 서양의학을 도입해 그것을 기본으로 위생사업의 제도화를 진행했다. 그 목표의 하나는 불평등 조약 개정에 따른 검역권 회수였다. 이것은 위생행정의 근대화였지만 일본은 식민지로 삼았던 대만과 조선, 조차지인 관동주에서도 위생사업의 제도화를 강제했다. 이는 동아시아 사회에 큰 영향을 끼치게 되었으며 중국에서도 마찬가지였다.

1911년 10월에 일어난 후베이성湖北省 우창武昌에서의 군대 반란을 계기로 정복왕조였던 청조가 쓰러졌다. 이것은 간지년을 따라 신해혁명이라고 불린다. 청나라를 대신해 중국을 통치하게 된 중화민국 정부는 공화정체를 채택했기 때문에 이 혁명은 오랫동안 지속된 왕조정치의 종언이기도 했다.

중화민국 정부도 일본을 모델로 위생의 제도화를 진행하였다. 그

것은 중국이 일본 모델을 적극적으로
도입하는 것이기도 했다.

린원칭

　1912년 1월 난징南京에 설립된 중
화민국의 난징임시정부(임시대총통은 쑨원
孫文, 대총통은 대통령에 해당)에는 내정 전반
을 관장하는 내무부(總長 程德全)가 설치
되었고, 그 밑에 위생국을 두었다. 위생
행정을 담당하는 중앙행정기구가 설립
되었던 것이다. 초대 위생국장은 린원
칭林文慶이다. 린은 1910~11년에 만주를 중심으로 한 페스트 유행에 대
처하기 위해 설립된 경사임시방역사무국의 의관장을 지낸 인물이다.

　쑨원을 대신하여 위안스카이가 대총통에 취임하고 베이징에서
새 정부를 조직하자 내무부(總長, 趙秉均)는 1912년 6월 위생사衛生司
(司는 일본의 局에 해당)를 두어 우청伍晟을 사장으로 임명했다. 위생사는
1913년 12월에 일단 폐지되고 위생행정은 고적사考績司가 담당하게 된
다. 1916년 6월 위안스카이 사후 리위안홍黎元洪 대총통, 돤치루이段祺
瑞 총리 밑에 조직된 정부에서는 내무부에 위생사가 부활하여 먼저 탕
야오唐堯가, 이후에는 류다오런劉道仁이 위생사장에 취임했다.

　「내무부관제수정초안」에 따르면 위생사의 관할 범위는 다음과
같이 정해져 있다. ① 전염병, 지방병(풍토병) 예방, 종두 및 기타 '공중위
생' 사업 ② 검역 ③ 의사 및 약사의 업무 감독 ④ 약품 및 약품 판매 검
사 ⑤ 위생회 및 지방위생조합 및 병원에 대한 사항이다.

　이 중에서 '공중위생'이라는 용어의 사용이 주목된다. 또한 위생

회나 지방위생조합 설치가 구상되고 있었던 것에서도 중화민국 정부가 근대 일본의 공중위생제도를 모델로 제도 정비를 진행하려 했던 것임을 알 수 있다.

전염병 예방조례 제정

1916년에는 「전염병 예방조례」가 공포되었다. 이 조례는 중국 최초의 전국적인 감염병 대책을 위한 법령이다.

요약하자면, 먼저 대상 감염병으로 콜레라 이질 장티푸스 천연두 발진티푸스 성홍열 디프테리아 페스트의 8종이며, 지방장관은 유행 혹은 유행의 우려가 있는 경우에 검역위원을 두어 선박이나 차량에 대한 검역을 실시하고, 감염 우려가 있는 경우에는 승객 등을 일정 기간 구속할 수 있다고 되어 있다.

그 밖에도 교통 차단, 집회 금지, 청결법 및 소독법 시행, 수도, 우물, 도랑, 수로, 화장실, 오물 퇴적장의 신설이나 사용 제한 등의 강제력을 가진 대책을 실시할 수 있다고 하였다.

또 의사가 감염병에 걸린 환자를 진료하거나 시신을 부검한 경우 12시간 이내에 이를 관청에 신고해야 했다. 그 밖에 환자 격리 및 사망자 매장 방법 등 세부 사항이 정해졌는데, 경비는 지방경비에서 충당하며 국고에서도 일정 부분 보조가 이루어진다고 되어 있다.

전염병 예방 조례 규정은 상세하고 구체적이었다. 하지만 이 조례는 앞서 소개한 일본의 「전염병 예방법」(1897년)을 거의 그대로 베낀 것이었다. public health의 일본어 번역어인 '공중위생'이 그대로 사용된 것을 보아도 알 수 있다.

위생행정의 모델을 일본에서 구했기 때문에 중국의 위생행정도 경찰과 밀접한 관계를 갖게 되었다. 일본 모델의 도입 배경에는 많은 중국인 유학생이 일본의 의학학교에서 배우고 귀국한 것과 일본인 의사·기술자가 중국의 의학학교에서 교편을 잡은 것을 들 수 있다.

산시성의 페스트와 옌시산

중화민국 정부는 다양한 면에서 일본을 모델로 국가 만들기를 진행하려 했다. 하지만 대총통에 취임한 위안스카이가 급속한 중앙집권화 정책을 추진하자 곳곳에서 이에 반대하는 움직임이 일어났다. 또한 위안스카이는 제정帝政을 부활시킬 야망도 품었지만 국내외의 반대로 좌절되었다.

1916년 위안스카이의 사망부터 장제스蔣介石를 지도자로 하여 중국의 재통일이 이루어지는 28년까지, 중국에는 베이징에 중화민국 중앙정부가 존재했지만, 지방정권이 군사력을 배경으로 할거하는 매우 불안정한 시기를 맞이했다.

이러한 혼란 속에서 1917년 가을 산시성山西省을 중심으로 페스트가 유행하여 약 만6천 명이 희생된다.

산시성 정치의 실권을 쥐고 있었던 것은 옌시산閻錫山(1883~1960)이었다. 옌은 산시성 우타이현五台縣 출신으로 산시무비학당山西武備学堂

에 진학하여 청나라 정부 파견 유학생으로 일본 육군사관학교에 유학한 경험이 있었다. 일본 유학 중 혁명사상의 영향을 받아 중국동맹회에 참가했다가 청나라가 쓰러지는 계기가 된 신해혁명에서는 군대를 이끌고 산시성의 혁명파에 참여하여 산시 도독이 되어 산시성의 실권을 장악하였다.

중앙정부와는 일정한 거리를 두면서 산시성의 안정과 발전을 목표로 한 것이 옌시산의 치세인데, 실업 진흥에 힘쓰고 아편 흡입, 전족, 변발 등의 악습을 없애는 데도 열심이었다. 이러한 정치는 다른 성에 간섭하지 않는 대신 다른 성도 산시성에 간섭하지 말 것을 요구하는 '산시먼로주의'라 불린다.

페스트의 유행은 옌시산이 이러한 정책을 추진하고 있을 때 일어났다. 옌은 1918년 1월 산시전성방역총국을 설치하고 각지에 방역분국과 방역분참을 두고 미국에서 의사를 초청하여 페스트에 대응하였다. 구체적으로는 예방을 위주로 한 환자의 격리였다. 이러한 대책은 옌시산 통치 하의 산시성이었기 때문에 비로소 가능했다고 생각된다. 페스트 대책을 추진하기 위해서는 정부가 주민 생활에 상당한 정도의 개입이 요구되었기 때문이다.

옌시산은 '보경안민保境安民'론(산서성에 대한 외부의 간섭을 배제하고 주민의 안녕을 유지함)을 바탕으로 촌락질서의 재편을 추진하였다. 마을을 자치의 기초 단위로 삼고, 마을 주민들에 의해 선출된 촌장부村長部와 여장閭長을 행정의 말단에 위치시킨 것이다. 이러한 정책의 모델도 일본의 지방 행정 제도였다. 그래서 페스트 대책은 '공중위생' 상의 중요한 업무로 자리매김되었다.

중앙방역처의 설립과 종두 실시

산시성에서 페스트가 유행한 것을 계기로 1919년 베이징에 중앙 방역처가 개설되었다. 내무부 위생사장인 류다오런劉道仁이 처장이 되었고, 부처장에는 베이징 시립격리병원장인 옌즈중嚴智鐘이 취임했다.

옌즈중은 톈진의 저명한 교육가였던 옌슈嚴修의 아들로 1904년부터 일본에 유학하며 도쿄제국대학 의학부를 졸업한 후 일본 전염병연구소의 연구원을 맡고 있었다. 중앙방역처는 제1과(과장, 우잉吳瀛)는 역무고疫務股, 경리고経理股 : 방역계획과 행정관리, 제2과(옌즈중 과장겸임)는 연구고研究股, 검진고檢診股 : 세균학, 면역학 및 임상연구, 제3과(과장 위수펀愈樹芬)는 혈청고血清股, 역묘고疫苗股, 두묘고痘苗股 : 약품의 제조와 보관으로 구성되어 있었는데, 하얼빈에서 우렌더伍連德가 운영을 맡았던 동북방역처가 모델이었다. 운영 경비로는 세관 수입이 배정되었는데, 경상 경비로 연간 약 11만 냥, 매월 약 9천 냥이 중앙방역처에 교부되었다.

이 시기는 지방정권이 군사력을 배경으로 군웅할거하고 있는 상황이었고, 베이징 중앙정부는 겨우 중국 북부 지역만 통치할 뿐으로 안정적인 재정수입을 확보하기 어려웠다. 그런데 세관 수입은 외채의 담보가 되어 있었고, 운영은 외국인 총세무사가 맡고 있어 지방정권이 관여할 수 없는 재원이었다.

중앙방역처 중심 활동의 하나는 종두 보급이었다. 1921년 3월 중앙방역처는 직업훈련 기관인 유민습예소遊民習藝所의 어린이(약 7천 명)에 대해 검진과 종두를 실시하였다. 이 검진을 통해 16명의 어린이가 천연두에 걸린 것으로 판명되어 경사전염병의원으로 송치되었다.

　　중앙방역처는 내무부 위생사의 감독 하에 베이징 중심부인 동스파이로우東四牌楼에서 동단파이로우東單牌楼 일대, 시스파이로우西四牌楼에서 시단西單 일대에서 종두를 실시하고, 네이쥐內左2구 옌러후퉁演樂胡同, 네이요우內右1구 시안먼다졔西安門大街에서도 종두 실시를 계획하고 있었다.

　　종두는 유료인 경우도 있었는데, 1920년대에는 1인당 2각角5분分 정도였다. 중앙정부의 힘이 약하고 내전이 계속되는 상황에서도 천연두 대책으로서의 종두는 베이징 등 대도시 지역에서 점차 보급되고 있었다.

　　그러나 지방에서의 종두 보급은 상당히 어려웠다. 중앙방역처는 베이징 주변을 관장하는 경조윤공서京兆尹公署에 대해, 각 현에 종두국을 설치하고 중앙방역처가 이 인원에게 연수를 실시할 것을 제안하였다. 그러나 경조윤공서는 "종두 보급은 해마다 제기되는 과제이지만 각 현 모두 잦은 전쟁과 재해로 재정 상황이 최악이고, 공서로서도 재원확보가 어려워 종두국 설치는 자금적으로 어려움이 있다. 앞으로 재정 상황이 호전되기를 기다려 이 계획을 시행하겠다"고 회답할 수밖에 없는 상황이었다.

베이징 공공위생사무소

　　내전과 재해로 인한 재정난의 결과 위생사업의 제도화는 좀처럼 진행되지 않았다. 이런 가운데 방역처 처장 팡칭方擎이 1925년 경사경찰청의 협조 아래 베이징 네이쥐 2구에 공공위생사무소를 설립하였다.

베이징 공공위생사무소는 위생과(위생일반), 보건과(질병 치료, 예방, 간호), 방역과(감염병의 보고, 검진, 예방), 통계과(생명 통계 등의 정비)의 4과로 구성되었고, 위생행정 개혁을 목적으로 황쯔팡黃子方과 진바오산金宝善을 등용하였다.

황쯔팡은 1899년 푸졘성 샤먼에서 태어나 홍콩대 의대, 시카고대 의대 등에서 공부했으며, 1924년 중앙방역처 처장으로 되었다. 진바오산은 1893년 저장성 샤오싱紹興에서 태어나 일본에서 유학하여 지바千葉의전을 졸업하고 베이징 국립의과대학 교수를 맡고 있었다. 그 밖에 왕롄중王連中(경사경찰청), 후훙지胡鴻基(협화의학교), 란안성蘭安生(앞과 동일), 취앤샤오칭全紹淸(전 교육부 차장), 옌즈중嚴智鐘 등이 이 조직에 가담하고 있었다.

베이징 공공위생사무소에 자금을 제공한 것은 미국의 록펠러 재단이었다. 록펠러 재단은 미국 국내 12개 지역에 공중보건연구실을 개설함과 동시에 코스타리카, 과테말라, 니카라과, 살바도르 및 필리핀, 중국에도 연구실을 개설했다. 중국 의료·위생 사업의 원조도 중요 활동의 하나로 1914년 중국 전문위원회를 설치하여 베이징, 상하이, 창사에서의 의학 학교나 병원 경영, 의학생 장학금을 제공하면서 베이징의 협화의원을 거점으로 중국의 의료·위생 사업에 큰 영향을 끼쳤다.

베이징 공공위생사무소 위생과는 도로 청소 및 공중화장실 관리, 음료수 검사, 식품 판매 단속과 함께 호별 검사를 실시하였다. 1925년 8월에 실시된 조사는 집 바깥의 상황으로 '예穢(더러움)'(174개소), '중

등中等'(911), '결潔(깨끗함)'(674), 집 안의 상황으로는 '예'(266), '중등'(732), '결'(719)로 보고하였다.

중앙방역처와 공동으로 베이징 공공위생사무소는 종두 보급을 목적으로 인쇄물을 배포하였다. 또한 10세 이하 어린이에게 '종두 우대권'을 배포하고, 1925년 10월부터 위생진료소에서 종두를 실시하였다. 실시실적은 3월 177명·4월 1,345명·5월 1,358명·6월 156명·7월 8명이었다.

'공중위생'에서 '공공위생'으로

신해혁명 이후 위안스카이 정부는 중앙집권적인 통치기구를 정비하려 했다. 그것은 정부가 적극적으로 위생행정에 관여하는 근대 국가적인 모습의 국가의료 지향이었는데, 그 모델은 지금까지 언급해 온 것처럼 일본의 공중 위생제도이다.

그러나 제1차 세계대전 중의 대중국 21개조 요구(1915년)와 전후 질서를 결정한 베르사이유조약에서 중국의 주장이 거의 인정되지 않은 것을 계기로 5·4운동 등의 반일운동이 활발해지면서 중국과 일본의 관계는 점차 악화되어 갔다.

중국 개혁 모델로서의 일본의 위치는 점차 뒤로 밀려나고, 의료·위생 사업에서도, '공중위생'에 대신해서 '공공위생'이라고 하는 용어가 점차 일반적으로 되어 갔다. 록펠러 재단이 설립한 협화의학교가 베이징 공공위생사무소 활동에 관여하고 있었던 것도 일본의 영향력이 급속히 저하되어 갔던 요인이다.

국제표준화의 압력 - 국제연맹보건기구

제1차 세계대전 후 국제연맹이 설립되어 제네바를 본부로 보건기구가 설치되었다. 유럽에서의 대전을 거쳐 국제협조가 지향되게 된 점, 국제무역이나 이민, 돈벌이 등 노동력 이동의 확대 속에서 감염병에 대한 대처가 필요하게 된 것이 그 배경이었다. 이 조직은 현재의 WHO(World Health Organization 세계보건기구) 전신에 해당된다.

여기서 간단히 국제적인 보건기구의 역사를 되돌아보자. 19세기 후반 콜레라의 유럽 전파를 막기 위해 국제위생회의가 여러 차례 개최되었다. 하지만 자유무역의 이익을 강조하고 과도한 검역을 피하려는 영국과 철저한 검역으로 콜레라 감염을 막자는 프랑스의 의견이 일치하지 않아 감염병 대책을 둘러싼 국제적 조직은 좀처럼 성립되지 않았다.

20세기에 들어서면 국제적인 노동력 이동과 상품유통의 확대로 먼저 지역 조직이 성립되었는데, 1902년 워싱턴에 범미위생사무국(The Pan American Sanitary Bureau)이 설립되었고, 1907년에는 파리에 공중위생국 제사무국(L'office International d'Hygiene publicque a Paris)가 설립되었다.

1910년부터 극동열대의학회의(Far Eastern Association of Tropical Medicine)도 개최되었다. 일본은 대만 통치를 통해 열대의학에 대한 지식을 축적해 가고 있었다. 그 때문에 많은 일본인 학자들이 이 회의에 참가하여 일본의 열대의학 발달을 안팎으로 알리는 기회로 삼았다.

극동열대의학회의 첫 회의는 1910년에 마닐라에서 개최되었으며 이후 회의는 아래와 같이 계속되었다. 1912년 홍콩, 13년 사이공(현 호치민), 제1차 세계대전 중에는 개최되지 않았으나 전후 21년에는 자바, 23년 싱가포르, 25년 도쿄, 27년 캘커타, 30년 방콕, 34년 난징(33년 예정 연기 개최), 38년 하노이로 이어졌다. 또한 국제열대의학회의도 1927년 파리, 28년 카이로, 35년 케이프타운, 38년 암스테르담에서 개최되었다.

제1차 세계대전 후에는 파리의 공중위생 국제사무국을 국제연맹의 관리하에 두어 상설 보건기관으로 만드는 것이 계획되었다. 그러나 이 계획은 미국이 국제연맹에 참여하지 않아 좌절되었고, 이를 대체할 조직으로 1921년 앞서 기술한 대로 제네바에 본부를 둔 국제연맹 보건기구가 설치되었다. 일본은 1924년 이 기구에 참가하였다.

국제연맹 보건기구는 1921년부터 동유럽에서 감염증상 발생 정보 수집을 시작하여 이후 대상을 러시아로 확대하였고, 23년부터 록펠러 재단의 자금 지원으로 감염병 발생에 대한 『월보月報』를 간행하였다. 이 『월보』가 현재도 계속되고 있는 국제적 감염병 발생정보 회보 제도의 기초가 되었다.

국제연맹 보건기관의 활동은 1920년대 초반에는 인재 양성, 수도 보급, 아편 문제에 대한 대책 등을 주요 과제로 두었으며, 질병은 말라리아 암 수면병 결핵에 큰 관심을 두었다. 또한 감염병 조사는 여전히 동유럽과 아프리카 중심이었다.

한편 일본 대표로 국제연맹 보건기관에 파견되어 있던 미야지마 미키노스케宮島幹之助 (1872~1944)는 극동지역이 중요하다고 하면서 위생

조사단 파견을 제안했다. 당시 미야지
마는 게이오기주쿠慶応義塾대학 의학부
교수 겸 전염병연구소 연구원이었다.

미야지마 미키노스케

이 제안에 따라 1922년 11월~23
년 7월 국제연맹 보건부장 노만 화이
트를 대표로 하는 위생조사단이 인도
동남아 동아시아로 파견된다. 화이트
는 먼저 영국령 인도의 봄베이, 캘커타
등을 조사했고, 그 후 홍콩 대만 상하

이 고베 요코하마 및 필리핀을 방문했다. 화이트는 상하이 조사에서 항
구검역제도는 싱가포르와 함께 만족할 만다고 하며, 상하이 방식을
극동의 기타 항구에 적용하는 것이 가능한지 검토해야 한다고 결론내
렸다. 어쨌든 당시 극동에서 감염병 정보를 수집하는 기관이 필요하게
된 것이다.

극동전염병정보국

1925년 3월 싱가포르에 극동전염병정보국(The Eastern Epidemiological
Intelligence Bureau)이 설립되었다. 극동전염병정보국의 설립은 국제연맹이
미야지마와 화이트의 제언을 수용한 것이다.

극동전염병정보국은 인도양 지역 및 태평양 지역의 서쪽 절반, 즉
케이프타운, 알렉산드리아에서 호놀룰루까지가 대상이며, 아래 4개 지

역 각 도시에서 일주일 단위로 감염병 발생 정보를 수집 보고하였다.

① 서부지역 : 아프리카 동안에서 인도양 지역, 영국령 인도
② 중부지역 : 영국령 말라야, 네덜란드령 동인도, 보르네오섬, 미
    국령 필리핀
③ 동부지역 : 샴(태국)에서 시베리아지역 및 일본, 대만
④ 남부지역 : 호주, 뉴질랜드, 남양제도

감염병 유행정보를 보고하는 도시는 점차 증가하여 1927년 말에는 140개 도시로부터의 정보가 올라와 『주보』와 『월보』를 통해 각국 정부에 전달되었으며, 동시에 라디오 방송을 통해 항해 중인 선박에도 전달되었는데, 프랑스령 인도차이나의 사이공과 프랑스령 마다가스카르의 안토세라나가 거점이었다.

극동전염병정보국의 활동은 사람의 이동 및 상품유통 활성화에 따른 감염병 발생을 억제하는 수단으로 각 항구에서 실시하는 검역과 동시에 국제무역과 이민을 뒷받침하는 제도로 되었다. 록펠러재단은 극동전염병정보국을 설치할 때 5만달러, 이후 5년간 12만5천달러의 자금을 제공하고, 동 정보국이 파견하는 위생조사단에도 자금을 지원했다.

중국 '동방병부론'

1926년 극동전염병정보국 장관이 중국 북부를 방문한 후 톈진天

津, 칭다오青島, 친황다오秦皇島에서의 감염병 발생 정보가 싱가포르에 전달되기 시작했다. 하지만 정보국의 1927년도 보고서에 중국 감염병 발생 정보가 여전히 부족하고 개선을 기대하기 힘들다고 되어 있다.

극동전염병정보국이 중국 감염병 정보 수집 기관으로 기대한 곳은 중앙방역처이다. 그러나 실제로 감염병 발생에 대한 정보 수집은 각 성省 위원들에게 조사표를 발송하는 수준으로, 다른 지역에 비해 정보가 매우 부족하고 위생행정도 빈약했다.

당시 중국을 가리키는 말로 '동방병부東方病夫' 혹은 '동아병부東亞病夫'라는 말이 사용되고 있었다. 이는 중국의 정정이 불안정하다는 것을 나타내는 말이지만, 한편으로 콜레라 등의 감염병 유행과 대책의 미흡함을 보여준다. 그 배경으로 중국에서 감염병이 만연하고 주변 지역에 미치는 영향이 컸다는 점에 있다.

이 시기 중국 국내에서는 국제적 비판에 대해 '위생구국衛生救国'이라는 말이 사용되기도 했다. 그래서 "불평등 조약을 개정하기 위해서는 '동방병부'로 불리는 상황을 먼저 해결해야 한다"는 주장이 나오게 되었다 (南京特別市衛生局 『第二届首都衛生運動大会特刊』 1929年12月).

위생행정 마스터플랜

1920년대가 되자 위생 문제를 국가와 민족의 성쇠와 연계시키면서 중국이 처한 상황을 개혁하려는 다양한 움직임이 가시화되었다. 당시 중화위생교육회는 다음과 같이 지적했다.

인체의 건강, 지역의 정돈, 종족의 유지와 인민의 강화를 통해 문명의 진보를 촉진하고 서구 국가와 같은 발전을 이루기 위해서는 위생에 의지하는 바가 크다. 위생의 가치를 알지못하면 서로 돕기 어렵고, 위생기구가 없으면 인민에게 위생의 가치를 알릴 수 없다. (中華衛生教育会『衛生叢書』1923年)

이러한 상황에서 1927년 국민정부는 내정부에 위생사를 설치하였고, 28년 6월 국민혁명군이 베이징을 점령하자 10월 내정부의 위생사를 위생부로 승격시켜 쉐자비薛駕彌를 위생부장으로 삼았다. 그리고 1930년 4월 전년에 대리로 취임했던 류루이헝劉瑞恒이 부장으로 승격하였다. 류루이헝(1890~1961)은 1890년 톈진에서 태어나 톈진베이양天津北洋대학에서 하버드대학에 유학하였고, 귀국 후 1918년부터 협화의학교 교수 원장으로 있었던 중국 위생행정의 핵심 인물 중의 한 명이었다.

위생부에는 총무 의정 보건 방역 통계의 각 부서를 설치하고 의정사장醫政司長에 옌즈중, 보건사장保健司長에 진바오산金宝善이 취임하였다. 이 시기까지 위생 관련 인재는 일본 유학파와 구미 유학파의 두 갈래가 있었는데, 점차 구미 유학파의 힘이 강해졌다.

위생행정 자문 기관으로서 1928년 12월, 중앙위생위원회가 조직되어 위생부장, 차장, 기감技監, 중앙위생시험소장을 포함한 17명이 위원회의 멤버가 되었다. 또 윈난 후난 간쑤 닝샤 칭하이의 각 성에 위생실험처를 설치했다. 그 밖에 위생행정 시범지구로 상하이에 우쏭吳淞모범구(1928년), 허베이 딩현定縣에 농촌위생실험구(29년), 장닝江寧위생실험구(31년), 가오차오취高橋區향촌위생사무소(32년) 등을 설치했다. 중

앙방역처는 1930년부터 위생부 관할로
들어가 베이징에서 난징으로 이전했다.

류루이헝

국민정부는 위생행정기구 정비를
진행함과 동시에 1928년 12월 「전국위
생행정계통대강」(14조)을 제정했다. 이
대강령은 국민정부 위생행정의 마스터
플랜이 되었으며, 이를 바탕으로 다양
한 위생사업이 정비되고 위생 관련 법
규가 제정되었다. 가령 위생부 발행의
조산사증서助産士證書를 가진 자만이 조산을 실시할 수 있다고 한 「조
산사조례」등이 그것이다.

후딩안과 사회의학

전국위생계통규정의 작성에는 후딩안胡定安 등 외국에 유학하여
위생학을 배우고 귀국한 새로운 인재의 활약이 있었다. 후는 브뤼셀 공
중위생학원에서 공부하고 베를린대에서 의학박사 학위를 받은 뒤 베
를린시 공중위생국에서 실무 경험을 쌓은 인물이다. 후는 『중국위생행
정설시계획中国衛生行政設施計画』(1928년)에서 공중위생에 대해 다음과
같이 기술하고 있다.

국가와 민중을 위하고, 인민의 건강을 보호하고, 위생 지식을

후딩안

증가시키며, 민족으로서의 씨앗을 강하게 하고, 나아가 국제적 위상을 향상시키는 것이 지금 가장 필요하다. 외국으로부터 원조를 청하지 않고, 침략을 막고, 독립 정신력으로 국가의 기초를 닦고, 그것을 공고히 하는 것에는 위생행정에 의한 바가 크다.

후는 중국의 위생사업에서 중요한 역할을 해 온 자선 단체에 대해, "'공중위생'의 원칙에서는 이들도 위생행정의 범위에 포함되어야 한다"라며, 국가 관리의 필요성을 설명하였고, 사회 풍토가 비슷하기 때문에 여러 분야에서 일본의 공중위생행정을 참고해야 한다고 하였다. 후는 '공중위생'이라는 용어를 사용하고 있다.

이상과 같은 시안을 바탕으로 후딩안은 「중화민국 국민정부위생행정조직대강조진초안中華民国国民政府衛生行政組織大綱條陳草案」을 작성하고 이를 베를린대학교 공중위생학 교수 알프레트 그로찬 (Alfred Grotjahn)에게 보내 의견을 구했다.

그로찬은 1920년부터 베를린 대학 사회위생학 강좌의 정교수가 된 인물로 독일 우생학 발달에 기여했으며, 활발한 집필 활동과 사회민주당계 정치활동을 통해 독일 사회위생 전개에 큰 영향을 준 인물이다. 그는 후의 계획에 찬성의 뜻을 표했다. 이상과 같이 중국 위생사업의 제도화는 당시의 사회 의학에 대한 국제적인 관심이 높아진 것에 영향을 받았다.

서양의학 대 중국의학

1929년 2월에 개최된 제1회 중앙위생위원회 행정회의에서 위원 슈余雲岫(1879~1954)는 중국의학 의사를 배제하는 법안을 제안했다.

위는 저장성浙江省 전하이鎭海 출신으로 일본에 유학하였고, 당시 중국의학 배척의 선봉장이었다. 여기에 1910년대부터 문제로 되었던 서양의학과 중국의학의 대립이 재연되었다.

중국 국민당은 서양의학으로 경도되면서 1930년 5월 「서의조례 西醫條例」를 공포했다. 이 조례는 20조로 이루어지며, 서양의학 의사에 만 의료행위 자격을 명시하였다. 25세 이상으로 중국의 국공립이나 사립 의학전문학교 이상, 교육부 공인 국외 의학전문학교 이상의 학교를 졸업한 자, 외국인으로서 해당 국가의 의사 자격을 가진 자가 의사시험 혹은 검정에 합격한 후 의료행위를 할 수 있도록 한 것이다. 이 조례는 환자의 치료기록 보존이나 감염병 환자의 진찰 또는 부검실시의 관청 보고 의무 등도 규정하고 있다.

중국의학 의사들은 이런 움직임에 맹렬히 반발했다. 그 결과 국민정부는 1931년에 중국의학연구기관으로서 국의관國醫館을 개설하고, 36년 1월 「중의조례中醫條例」, 동 12월 「수정중의조례」를 공포하였다. 이것은 중의시험에 합격한 자, 중앙정부 또는 시정부가 발급한 증명서를 가진 자, 중의학교를 졸업한 자, 이미 5년 이상의 치료경험이 있는

자로서 25세 이상인 자는 고시원이 중의시험을 실시할 때까지 중의위원회 심사에 합격하면 의료 행위를 할 수 있도록 했다. 국가에 의한 중국의학의 공인이었다.

국민정부가 서양의학을 축으로 하는 의료 및 위생사업의 제도화를 추진한 것에 대해 중국의학 의사들이 거세게 반발하여 중국의학이 공인된 것은 현재까지도 중국에서 중국의학이 큰 영향력을 가지고 있는 이유 중의 하나이다. 하지만 이는 단순한 대립이 아니라 서양의학과의 융합을 도모하는 중국의학 의사의 등장과 중의조례 제정 방식으로 중국의학의 제도화를 실현한 것으로 볼 수 있다.

검역권의 회수

1929년 12월 중국 검역제도의 기본방식이 국제연맹에서 문제가 되었다. 이에 따라 루드윅 라이히만(Ludwik Witold Rajchman)이 중국에 파견되었다.

국민정부위생부는 라이히만에 대해 ① 항구검역사업 ② 중앙위생 모범구 건설 ③ 제1국민(중앙)의원 건립 ④ 저장성립의원 건립 ⑤ 의학교육 ⑥ 긴급과제로서 상하이 콜레라, 천연두대책 지원을 요청하였고 국제연맹 보건위원회도 이에 협조를 약속하였다.

1930년 통상조약의 개정, 즉 관세자주권 회수에 연동하여 6월에 「해항검역장정」이, 8월에 「해항검역소조직장정」이 공포되었고, 국민정부는 7월부터 상하이上海 샤먼廈門 샨터우汕頭 잉커우營口(牛莊) 안둥安

東 한커우漢口 다구大沽 친황다오秦皇島의 해항검역기구를 접수하였다.

국민정부가 관리하는 상하이 검역소의 소장으로 임명된 것은 우렌더伍連德였다. 일본 정부는 불만이 많았지만 영국과 미국이 동의했기 때문에 이에 따르게 되었다.

이렇게 중국은 검역제도를 둘러싼 동아시아·동남아시아의 국제질서에 주권국가로서 참여하게 되었다. 국민정부는 「위생행정계통대강」을 착실하게 실행했다. 그 배경에는 위생의 제도화가 민족주의와 맞물려 국가 건설의 일환으로 자리매김하게 된 것도 있었다.

1930년 9월에는 「전염병예방조례」(24조)가 위생부에서 공포되었다. 다만 그 내용은 1916년에 공포된 조례와 거의 같았다.

이상과 같이 중화민국 정부는 국제연맹의 원조 아래 검역권 회수를 지렛대로 착실하게 위생사업의 제도화를 추진했다. 그러나 1931년이 되면 위생부는 다시 내정부 위생서로 강등된다. (위생)서장에는 계속해서 류루이헝이, 부서장에는 진바오산이 취임했지만, 5사 체제는 총무 의정 보건의 3사 체제로 축소되어 1936년부터는 행정원에 편입된다.

중국 정부는 페스트 등 감염병 유행에 직면하여 의료·위생 사업에 정부가 관여하는 국가의료 제도를 도입했다. 그것은 청나라 정부나 중화민국 정부나 마찬가지였다.

위생사업 제도화의 모델이 된 것은 일본이었다. 그러나 1920년대가 되면 중일 관계가 점차 험악해지는 가운데 모델로서의 일본의 위치도 뒤로 내몰린다. 그리고 1930년대 중화민국 정부가 위생사업을 제도화하려 할 때, 그 움직임을 막은 것은 일본과의 오랜 전쟁이었다.

제3장

콜레라·말라리아·일본주혈흡충증

コレラ·マラリア·日本住血吸虫病
Cholera, malaria,
Schistosoma Japonicum
霍亂、瘧疾、日本血吸蟲病

1. 콜레라 — 19세기 감염병

인도로부터의 감염

19세기에서 20세기 초 세계 각지에서 콜레라가 유행했다. 콜레라의 원인이 되는 것은 콜레라균인데, 이것이 소화기에 들어가면 쌀뜨물과 같은 설사가 계속되며 탈수증상에 빠진다. 콜레라에는 아시아형과 엘토르(El Tor)형[1] 등의 종류가 있는데, 이 시기에 유행한 것은 치사율이 매우 높은 아시아형이다. 콜레라균은 음식이나 물을 통해 경구 감염되기 때문에 감염은 세계 각지로 순식간에 퍼졌다.

중국과 동아시아도 예외는 아니어서 중국에서는 1820년에 남부의 원저우溫州와 닝보寧波 등 연해 지역에서 최초의 유행이 발생하였다. 이후 콜레라는 난징 산둥 베이징으로 북상하여 1822년 전국적 유행이

---

1   역자주: 엘토르(El Tor)는 이집트 시나이 반도에 있는 지명이다. 이곳에서 처음 발견되었기 때문에 엘토르형이라 한다. 1961년에 인도네시아 등 개발도상국에서 대규모로 발병하였고, 1991년에는 페루 등에서 대유행하였다.

되었다. 조선에서의 첫 유행도 중국과 마찬가지로 1820년이며, 일본이나 류큐琉球에서의 첫 유행은 1822년이었다.

지금까지 언급했듯이 중국에는 감염병 유행 기록이 오래전부터 남아 있다. 역대 왕조가 편찬해 온 정사에는 감염병 유행 기록이 많이 있다. 또한 성이나 부현을 단위로 하는 지방지에도 감염병 유행의 기록이 있다. 하지만 이러한 기록은 대부분 '대역大疫' 혹은 '역疫' 등으로만 기록되어 있어, 실제 19세기 초에 유행한 감염병이 콜레라인지의 여부를 확정하기는 어렵다. 하지만 증상을 서술하는 기록 등과 맞춰 보면 콜레라의 가능성이 매우 높게 보인다.

그럼 콜레라는 어디에서부터 중국과 동아시아로 온 것일까.

콜레라는 원래 인도 벵골 지방에서 유행하던 감염병이다. 1817년 대규모 감염폭발이 일어나 세계 각지로 확산되었다. 인도양 지역에서는 1818년 실론(현·스리랑카), 19년 모리셔스, 20년 아프리카 동안으로 확산되었다. 그 후 중동의 페르시아, 메소포타미아에서 이집트에 이르게 된다. 그리고 러시아와 유럽으로, 또 북미와 멕시코에까지 퍼졌다. 19세기 초 인도 기원의 콜레라가 글로벌화 된 것이다.

교통망의 정비와 글로벌화

벵골 지방의 두려운 질병이긴 해도, 콜레라는 그때까지는 인도의 특정 지역에서만 발생하는 감염병이었다. 그것이 왜 갑자기 글로벌화 된 걸까?

그 배경에는 유럽 국가들의 아시아 아프리카 진출과 이를 뒷받침하는 교통망 정비가 있다. 영국 식민지 통치하의 인도에서 진행된, 철도망의 정비와 생태계의 균형을 무너뜨리는 농업 개발도 콜레라 유행의 배경이 되었다. 심지어 힌두교의 순례가 인도 내에서 콜레라의 유행을 확대시켰다는 점도 지적되고 있다.

영국 역사 전문가인 미이치 마사토시見市雅俊는 『콜레라의 세계사』에서 세계화의 배경에는 영국의 인도 지배를 축으로 하는 세계 교통망의 정비, 다시 말해 세계 자본주의의 전개가 있었다고 지적하고 있다. 실제로 이 시기부터 사람과 사물의 이동 속도가 향상되었고, 그 규모도 비약적으로 커졌다.

그러나 그것만으로는 콜레라가 불과 몇 년 안에 인도에서 동남아 중국 조선 류큐 일본으로의 확산과 또 아프리카 동안이나 중동으로 확산된 이유를 잘 설명할 수 없다.

19세기 초 동아시아 콜레라의 주요 발생지역은 중국에서는 연해의 교역거점과 수나라 시대에 개착된 이후 오랫동안 남북을 연결하는 동맥 역할을 해온 대운하 유역의 상업도시였다.

청조 중국은 외국 무역항을 광둥성의 광저우 하나로 한정했다(해금). 그러나 주변 왕조(예를 들어 베트남, 조선, 류큐 등)와의 사이에는 조공에 부수되는 형태로 활발한 교역이 이루어졌다. 또한 정식 외교관계가 없었던 도쿠가와 시대의 일본과의 사이에도 많은 중국 상인들이 나가사키를 방문함으로써 교역이 이루어졌다. 이와 같이 동중국해에서는 중국 상인을 중심으로 하는 상업 활동이 진행되고 있었다. 이것을 동중국해 교역권이라고 부른다. 또한 인도양 교역권에서의 인도 상인들의 활동도 활발했다.

　19세기 초기의 콜레라의 글로벌화는 영국을 비롯한 유럽 국가들의 아시아 진출과 인도인과 중국인의 교역권이 교착되었던 결과이며, 불과 몇 년 만에 일본까지 콜레라가 확산되었다고 보는 편이 좋을 듯하다.

　전술한 바와 같이 일본 최초의 콜레라 발생은 1822년의 일이었다고 생각된다. 이때의 감염 경로에는 한반도를 경유하여 시모노세키 일대로 확산되었다는 중국·조선 경유설과 네덜란드 나가사키 무역으로 자바에서 확산되었다는 자바 경유설의 두 설이 있다. 하지만 어느 쪽이 맞는지는 아직 매듭을 짓지 못하고 있다.

아편전쟁과 인도병사

　19세기에 세계화된 콜레라는 인류사에서 가장 많은 인명을 앗아간 감염병 중의 하나이다. 감염병의 유행이라는 시각에서 보면 19세기는 '콜레라의 세기'라고 할 수 있다.

　중국에서는 1822년에 전국적으로 유행한 후, 40년, 58년, 62년, 77년에 콜레라가 유행하였다. 1840년과 58년은 아편전쟁과 애로우호전쟁(제2차 아편전쟁) 등 중국과 영국 등의 외국이 전쟁을 벌이던 해이다. 콜레라의 유행과 전쟁은 분명히 관계가 있다.

　아편전쟁은 제1장에서 언급했듯이 차와 비단 등 중국 특산품 수입으로 인한 무역적자에 시달리던 영국이 그 적자를 메우기 위해 인도

산 아편을 밀수하였고, 이에 대해 이것을 금지하고자 했던 청나라 정부와의 사이에 벌어진 전쟁이다. 아편이라는 마약 밀수에서 비롯된 전쟁에 대해 영국 국내에도 강한 반대가 있었다. 그러나 영국 정부는 개전을 단행했고, 중국 남부에서의 해전과 함께 광둥성 등에서는 청나라군과 치열한 지상전도 벌어졌다.

잘 알려진 것은 아니지만 아편전쟁을 치른 대부분의 영국군은 실제로는 영국령 인도군으로 장교는 영국인이었지만 병사는 인도인이었다. 그것은 애로우호전쟁에서의 영국군도 마찬가지였다. 이렇게 영국령 인도군에 의해 중국으로 콜레라가 반입되게 된 것이다.

수도의 정비

세균학자 로베르트 코흐에 의해 콜레라균이 발견된 것은 1884년의 일이다. 원인이 되는 병원균이 발견되어 적절한 대응을 할 수 있게 되면서 역사에 큰 전기가 마련되었다.

콜레라가 국가나 사회에 미친 영향을 고려할 때 가장 중요한 것이 콜레라 대책으로 진행된 수도사업의 정비이다. 이것은 유럽 여러 나라에서 진행되었다. 런던에서 콜레라가 유행한 것은 1832년의 일이다. 여과기로 급수한 지역에서는 환자가 적었다는 것을 알게 되면서, 각지에서 대규모 도시계획과 함께 수도가 정비되어 갔는데, 그 목적 중 하나는 콜레라 대책이었다.

수도사업의 정비에는 막대한 자금이 필요하다. 이 결과 위생행정의 역할이 점차 확대되고 정부가 적극적으로 관여하는 체제로 된다. 이 것은 '국가의료'(state-medecine)라고 불린다. 감염병 대책, 특히 콜레라 대 책으로 정부의 역할이 비대화된 것은 감염병이 역사에 끼친 충격으로 간과할 수 없는 사실이다. 현재 일본에서는 수도꼭지를 틀면 안전한 물 이 나오는 것이 당연하지만, 수도 정비는 일본에서도 콜레라 대책을 목적 으로 진행된 것이다. 근대적인 수도 정비는 요코하마나 고베 등의 거류지 에서 시작되었다.(요코하마 1887년, 고베 1900년) 그것은 콜레라 대책이었다.

항구검역

수도 정비와 함께 19세기 중반 이후 콜레라 대책으로 진행된 것 이 항구검역이다. 외국에서 들어오는 감염병을 바닷가에서 막기 위한 제도이다.

감염병의 원인을 알 수 없었던 시대에도 환자를 접촉한 사람이 질병에 걸린다는 것이 알려져 있었기 때문에 경험적인 검역은 동서양 을 막론하고 이루어졌다.

검역의 역사는 보통 14세기 베네치아로 거슬러 올라간다. 페스트 유행 중에 선박에 환자가 없는 것을 확인하기 위해 40일간 선박을 입항 시키지 않았다. 영어로 검역을 quarantine라고 하는데, 이 어원은 이탈리 아어 quaratena와 quaranta giomi(40일간)이다.

19세기에는 콜레라의 세계화로 인한 감염병 전파를 막기 위한 국 제적인 대응이 시작된다.

1851~52년 파리에서 제1회 국제위생회의(The International Sanitary Conference) 가 개최되었다. 이 회의에서 항구검역도 의제에 올랐지만, 각국의 주장이 평행선을 달리며 협정 체결에 도달하지 못했다. 이후 1859년 파리(제2회), 66년 콘스탄티노플(제3회), 74년 빈(제4회), 81년 워싱턴(제5회, 중국 최초 참가), 85년 로마(제6회)와 회의가 개최된다. 이즈음 콜레라 감염을 막는 것은 유럽 국가들에게 매우 중요한 과제였다.

하지만 항구검역 협정은 좀처럼 체결되지 않았다. 그 배경에는 중동, 특히 터키로부터의 콜레라 감염을 우려하여 엄격한 항구검역 실시를 주장하는 프랑스와, 무역에 미치는 영향을 우려하여 항구검역 강화보다는 오히려 국내 위생 조건 정비를 통해 콜레라 등 감염병 전파를 막으려는 영국의 대립이 있었다. 이 검역의 제도와 효과를 둘러싼 논쟁은 지금까지도 계속되고 있다.

항구검역에 대한 최초의 협정이 체결된 것은 1892년에 개최된 제7차 베니스회의이다. 그러나 그 내용은 콜레라 환자가 발생한 유럽으로 향하는 선박에 대한 검역만을 담고 있는 협정 체결이었다.

검역의 정치학

동아시아와 동남아시아에서 콜레라가 유행하자 중국에서도 1873년부터 상하이와 샤먼에서 항구검역이 시작되었다. 이는 동남아시아에서 콜레라가 반입되는 것을 막으려는 조치였다. 실제로 항구검역을 실시한 곳은 개항장에 설립된 해관(세관)이며, 항구검역에는 외국 영사도 관여했다.

아편전쟁 후 1842년에 체결된 난징조약에는 항구검역에 관한 사항이 명시되어 있지 않았다. 그러나 실제로는 치외법권의 확대 해석으로 외국 영사가 자국 선박 검역에 깊이 관여하고 있었다. 그 때문에 엄격한 검역실시는 기대할 수 없었는데, 중국 측의 검역권이 조약에 의해 제한되고 있었기 때문이다.

제2장에서 언급했듯이 19세기 후반 일본(에도막부와 메이지정부)도 중국과 마찬가지로 검역권을 제한받고 있었다. 검역권의 회수가 메이지 정부의 비원 중의 하나였다는 것도 이미 언급했지만, 그것은 중국에서도 마찬가지였다.

그런데 항구검역을 담당한 중국 해관은 19세기 후반 「의료보고」를 간행하였다. 그 내용은 개항장의 자연환경(기온, 강수량 등)부터 위생 상황 전반, 사회사업까지 널리 소개한 것이다. 1871년부터 간행이 시작되어 일부 명칭 변화를 거치면서 1910년 정간될 때까지 개항장마다 보고서를 간행하였다.

「의료보고」에서의 위생 상황 보고 형식은 다양했다. 개항장에서 의료전도에 종사하던 선교사 등도 이에 협력하였다. 감염병 유행정보의 차이는 있지만, 19세기 후반에서 20세기 초반 중국 개항장에서의 감염병 발생상황을 개관할 수 있게 해준다.

중국 정부가 본격적으로 위생행정에 나선 것은 20세기에 들어온 이후이기 때문에, 이것은 귀중한 자료이다. 이 보고서는 중국 해관의 간행물이었다. 그런데 흥미롭게도 19세기 말의 일본의 요코하마(1878~80년), 오사카(1891년), 한국의 서울(85, 87, 91, 94년), 인천(91, 94년)의 보고가 포함되어 있다.

항구검역은 개항장마다 실시되고 있었다. 19세기 말부터 20세기 초의 페스트 유행의 대응 속에서, 중국 측도 항구검역 제도를 정비해 갔다. 그러나 1911년 신해혁명을 거쳐 1920년대까지 중앙정부의 약화로 인해 항구검역은 계속해서 외국 영사가 관여하고 해관이 실시하는 체제로 유지되었다. 중국에서 위생사업의 정비가 좀처럼 진행되지 않았던 것도 그 때문이다. 그리고 이것은 주변 지역에 큰 영향을 미치게 된다.

중국은 상인이나 이주 노동자, 또는 이민을 통해 주변 지역에 일정한 세력권을 형성하고 있었다. 이는 서구나 일본의 식민지 통치와는 다른 질서였다고 볼 수 있다. 하지만 이 결과 중국에서 감염병이 발생하면 주변 지역으로의 전파 위험성도 커졌다.

이러한 가운데 중국인에 대한 차별적인 검역이 실시되었다. 샌프란시스코에서는 19세기 말 입항하는 선박에 대한 검역과 동시에 중국인(여성 포함)에 대한 나체 검역이 실시되었다. 이 조치는 법원의 판단에 따라 철회되었지만 검역은 각지에서 다양한 문제를 일으켰다.

1904년 중영의정서에서는 영국의 해협식민지(말레이반도 남서부)로 이민을 가기 위해서는 영국 영사가 지정한 의사의 건강진단이 필요하다고 하였다. 그래서 싱가포르에서는 하나같이 옷을 벗기고 검진을 실시하였다. 이것은, '적신험체赤身驗體' 등으로 불렸다.

1906년 싱가포르 주재 중국 총영사는 해협식민지 당국에게 검역 시 중국인에 대한 대응을 개선해줄 것을 요청했고, 해협식민지 당국도 '적신험체'가 불필요하며 격리 방식도 개선하겠다는 뜻을 총영사에게 전했다.

1919년의 유행

20세기에 들어서자 동아시아와 동남아시아에서 콜레라가 유행했다. 일본에서도 1902년, 07년, 10년, 12년, 16년, 20년에 환자가 천 명을 넘었다. 주목되는 것은 대만, 조선 및 중국에서도 거의 같은 시기에 콜레라가 유행했다는 점이다. 콜레라는 유행의 동시성을 지니고 있었다.

1919년 콜레라의 감염 경로는 다음과 같았다. 1919년 3월경 태국 북부에서 유행이 시작되어 철도에 의해 방콕에 감염되었고, 이후 코친차이나(베트남 남부)[2], 사이공에도 확산되었다.

이 해의 동남아시아 콜레라 상황, 즉 환자 수(사망자 수)는 프랑스령 인도차이나에서 6,418명(4,798명), 태국에서 미상 (2,999명), 영국령 버마에서 미상 (13,260명), 미국령 필리핀에서 미상 (18,423명), 네덜란드령 동인도 자바에서 12,184명(8,861명), 영국령 싱가포르에서 75명 (58명)이었다. 태국 버마 필리핀 자바에서의 유행은 이전과 이후 시기에 비해 상당히 큰 규모였다.

다음의 표3은 20세기 초기인 1900~30년의 일본 대만 조선 상하이(공동조계) 홍콩에서 콜레라 환자 수와 사망자 수를 정리한 것이다. 1919년 전과 후의 상황과 비교해 보면 대만이나 조선에서의 콜레라의 유행은 정말 이상하다. 다만 흥미롭게도 그 이후의 콜레라 환자(사망자)의 감소는 극적이었다고 해도 좋을 것이다.

중국에서는 이와 대조적으로 1919년 이후에도 콜레라의 유행이

---

2   역자주: 코치시나는 프랑스 통치시대의 베트남 남부에 대한 호칭이다. 코치交趾는 원래 베트남 북부에 대한 옛 명칭이나, 프랑스가 자의적으로 사용한 명칭이다. 유럽에서는 Cochin China 또는 Cochinchine, 프랑스어로는 la Cochinchine라 부른다.

계속되고 있었다. 그 배경에는 항구검역이 충분하지 않았던 점, 위생사업의 제도화가 진행되지 않았던 점 등의 이유가 있다.

이 결과 중국에서는 콜레라를 비롯한 감염병 유행에 대한 전국적인 통계를 얻을 수 없다. 감염병에 대한 데이터가 비교적 잘 갖춰진 상하이(공동조계) 상황을 보면 1919년은 12년에 비하면 대규모 유행은 아니었지만, 20년 이후에도 간헐적으로 콜레라가 유행하고 있었다.

콜레라는 인도 기원의 감염병이었는데, 우렌더는 상하이의 상황에서 미루어 볼 때 콜레라는 이미 상하이의 토착화된 질병이 되었다고 지적했다.

표 3-1 | 동아시아 콜레라의 발생상황

年	日本*1 合計 患者	死者	横浜 患者	死者	台湾 台湾人 患者	死者	日本人 患者	死者	合計 患者	死者
1900	377	不明	5	4	0	0	0	0	0	0
1901	101	不明	11	7	1	1	0	0	1	1
1902	12,891	8,012	6	5	544	134	202	479	746	613
1903	172	139	1	1	0	0	0	0	0	0
1904	1	48	2	2	1	1	0	0	1	1
1905	不明	34	2	2	0	0	0	0	0	0
1906	不明	29	1	0	0	0	0	0	0	0
1907	3,632	1,702	77	65	0	0	3	2	3	2
1908	652	297	7	7	0	0	0	0	0	0
1909	328	158	0	0	0	0	0	0	0	0
1910	2,849	1,656	2	2	0	0	13	8	13	8
1911	9	35	0	0	0	0	0	0	0	0
1912	2,614	1,763	44	39	209	183	121	70	333	256
1913	87	106	19	4	0	0	0	0	0	0
1914	5	100	1	0	0	0	0	0	0	0
1915	不明	63	0	0	0	0	0	0	0	0
1916	10,371	7,482	110	78	0	1	32	15	34	16
1917	894	718	0	0	0	0	2	1	2	1
1918	不明	32	2	1	0	0	1	1	1	1
1919	407	356	5	2	3,586	2,533	181	118	3,836	2,693
1920	4,969	3,417	3	1	2,603	1,644	63	27	2,670	1,675
1921	29	35	1	0	0	0	0	0	0	0
1922	743	542	14	7	0	0	0	0	0	0
1923	4	31	0	0	0	0	0	0	0	0
1924	不明	不明	0	0	0	0	0	0	0	0
1925	624	363	53	24	-*2	-	-	-	3	3
1926	25	13	1	0	-	-	-	-	16	11
1927	2	3			0	0	0	0	0	0
1928	1	1			0	0	0	0	0	0
1929	205	114			0	0	0	0	0	0
1930	不明	1			0	0	0	0	0	0

朝鮮						上海共同租界			香港		
日本人		朝鮮人		合計		中国人	外国人	合計	中国人	外国人	合計
患者	死者	患者	死者	患者	死者	死者	死者	死者	死者	死者	死者
-	-	-	-	-	-	0	-				
-	-	-	-	-	-	0	-				
-	-	-	-	-	-	8	-				
-	-	-	-	-	-	162	3	165			
-	-	-	-	-	-	0	1	1			
-	-	-	-	-	-	0	0	0			
6	6	-	-	-	-	193	4	197			
171	171	-	-	-	-	655	18	673			
54	54	58	47	112	101	8	1	9			
204	204	1,594	1,262	1,798	1,466	0	4	4			
22	15	464	367	486	382	0	0	0			
4	2	0	-	4	2	0	0	0			
50	32	72	46	112	78	1,307	14	1,321	0	0	0
0	0	1	1	1	1	0	0	0	81	3	84
0	0	0	0	0	0	0	0	350	16	0	16
0	0	1	1	1	1	0	0	0	9	8	17
384	230	1,680	1,022	2,066	1,254	0	0	100	10	0	10
0	0	0	1	0	1	0	0	0	0	0	0
0	0	0	0	0	0	0	0	0	0	0	0
272	179	16,617	11,339	16,915	11,533	648	32	680	41	5	46
178	110	24,045	13,453	24,229	13,568	142	2	144	6	0	6
0	0	1	1	1	1	119	3	121	4	1	5
1	1	38	21	40	23	100	1	101	1	0	1
0	0	0	0	0	0	91	3	94	0	1	1
0	0	0	0	0	0	0	0	0	0	0	0
0	0	6	5	6	5	93	6	99	1	1	2
-	-	-	-	252	159	366	7	373	1	0	1
0	0	0	0	0	0	94	4	98			
0	0	0	0	0	0	6	0	6			
-	-	-	-	18	15	129	6	135			
0	0	0	0	0	0	3	1	4			

주: 일본의 환자수 및 사망자수는 総務庁統計局監, 日本統計協
会編『日本長期統計総覧』(日本統計協会, 1988年5月)第5巻
에는 약간 다르지만, 출전에 따랐다.
출전: 日本, 横浜: 厚生省医務局「医制百年史」(ぎょうせい,
1976年). 朝鮮:朝鮮総督府『朝鮮総督府年報』各年度. 台湾:
台湾総督府『台湾総督府統計書』各年度. 上海:『上海共同租
界工部局年報1940年度』(生活社, 1941年). 香港: Hong Kong
Administrative Report for the year 1924.

대만과 조선

여기에서는 일본의 식민지였던 대만과 조선의 상황을 다시 한번 살펴보도록 하자.

1919년 대만의 콜레라에는 세 가지 감염 경로가 지적되고 있다. 첫째는 펑후다오에서의 콜레라의 만연, 둘째는 타이베이를 중심으로 하는 북부 계통, 셋째는 타이난을 중심으로 하는 남부 계통이다. 이 중 북부 계통은 1919년 7월 8일 코호쿠마루湖北丸로 대만에 온 선박 승객이 첫 환자였고, 이후 콜레라는 타이베이와 지룽基隆으로 확산되어 11월 초까지 1,656명의 콜레라 환자가 발생했다. 신쥬新竹에 도착한 샤먼의 정크선에서도 콜레라의 감염이 확인되었지만, 해안 지역 발생에 그쳤다. 남부 계통은 동남아시아에서 홍콩과 샤먼을 경유해 가오슝高雄에 기항할 예정이었던 난요마루南洋丸가 난파되면서 이 구조를 맡은 타이난청台南廳 펑샨鳳山지청의 홍마오장紅毛莊 주민이 콜레라에 감염되었다.

대만총독부는 콜레라 유행에 대해 대규모 예방접종을 실시하였다. 타이베이청, 신쥬청, 타이중청台中廳, 자이청嘉義廳, 타이난청台南廳, 아호우청阿猴廳에서의 예방접종은 접종자가 약 925,000명(미접종자는 1,246,000천 명)에 달했고, 예방접종을 받은 사람은 인구의 약 42%에 달했다. 예방접종자의 콜레라 유발율은 만 명당 8.3명으로 미접종자가 18.4명이었던 것과 비교하면 어느 정도 효과가 있었던 것으로 보인다.

조선에서는 1919년에는 농촌 지역을 포함한 거의 전역에서 콜레라가 유행하고 있었다. 조선총독부는 검역, 검변, 예방접종 등을 일찍부터 실시했으나 피해는 매우 컸다. 그러나 1895년 평안북도에서만 약 6만 명의 사망자가 발생했다는 점과 1902년 경성에서만 사망자가 약 만 명에 달했던 것과 비교하면 그 피해는 한정적인 것이라고 조선총독부는 주장하였다.

1919년의 중국

　중국의 상황을 살펴보자. 1919년 5월 말 콜레라는 동남아시아에서 중국 남부의 샨터우汕頭 차오저우潮州로 퍼졌고, 이후 연해 지역의 홍콩 마카오 샤먼 푸저우 상하이 칭다오 다롄 잉커우 등에서 콜레라가 유행했다.

　아래의 그림 3-1은 1919년 콜레라가 유행한 지점을 지도에 표시한 것이다. 19년 8월 초순에는 콜레라는 상하이에서 우시無錫, 장인江陰, 창저우常州 등의 내륙 도시에도 확대되었다. 그것은 주로 철도 노선을 경유한 것이다. 장쑤성에서는 상하이에서 수저우蘇州 우시武錫 창저우常州 전장鎭江 양저우揚州 장인江陰 우후蕪湖 난징南京 또한 송장松江 자싱嘉興 항저우杭州 우싱吳興 샤오산蕭山으로 감염이 확산되었다.

　만주에서는 잉커우營口에서 감염되었던 콜레라가 만철에 의해 펑톈으로, 중동철도에 의해 하얼빈 블라디보스토크로 확산되었다.

그림 3-1 | 콜레라 발생상황(1919년)

주: 조선에서는 거의 전역에 발생하고 있어서 지도에 표시하지 않았다.
출전: 朝鮮総督府『大正八年虎列刺病防疫誌』(同所, 1920年),
The NorthChina Herald (1919年 7/16, 8/2, 8/30, 9/6, 9/13,
9/20), 『申 報』(1919年 7/12) 등에서 필자 작성

　　여기에서는 특별히 상하이에 대해 주목해보자. 1919년 상하이 콜
레라의 피해가 어느 정도였는지는 확실하지 않다. 콜레라는 처음 푸둥
浦東의 퉁자두童家渡 탕차오전塘橋鎭 일대에서 상하이上海현 난후이南匯
현과의 경계에 있는 류황먀오劉皇廟 옌자차오嚴家橋 베이차이北蔡 등지
로 퍼져나가 각 진의 사망자는 천 명 이상을 헤아렸다. 콜레라 사망자
가 많아지면서 푸둥에서 관 재료가 거의 다 팔려 장인의 공임 시세가

배나 올랐을 정도였다.

송후淞滬경찰청은 이번 콜레라 유행은 청소가 충분하지 않은 것이 원인이라며 거리 쓰레기를 없애기 위해 식품과 음료수에 대한 규제를 강화했다. 또한 시역소독소時疫消毒所를 설치하고 위생과장을 주임으로 삼아 주민 중에 콜레라 환자가 발생하면 환자를 확실하게 병원으로 이송하여 경찰청에 보고하도록 하고, 인력을 파견하여 환자나 사망자가 발생한 가옥을 소독하도록 했다. 이 결과 8월 1일부터 10일까지 콜레라 환자가 발견된 총 54채의 가옥에 대한 소독이 실시되었다.

상하이의 중국인 지구인 난스南市에서는 콜레라 만연이 주민들이 금령을 어기고 거리를 불결한 데 원인이 있다고 하면서 경찰관 여러 명이 순시하며 쓰레기 투기 등을 단속하였다.

이런 가운데 공동조계 공부국 위생과는 1919년 7월 30일에 콜레라 발생을 선포하고, 위생에 대한 주의, 특히 음식을 가열하도록 하라는 등의 주의를 촉구하는 동시에 환자를 바즈루靶子路에 설치한 격리병원에 수용했다. 해당 내용은 '방역전단'으로 공동조계 곳곳에 게시되었다. 이상과 같은 대책의 결과 조계 내의 콜레라의 유행은 경미한 정도에 머물렀다.

상하이를 대표하는 중국 신문인 『신보申報』에는 "푸둥 일대에선 요즘 콜레라가 점점 만연하고 있다. 어젯밤 양징전洋涇鎭에서는 콜레라에 감염된 남성 2명과 여성 1명이 의사의 치료도 받지못한채 몇 시간만에 사망했다" 등의 기사가 여럿 게재되었다. 이러한 상황에서 다음과 같은 기사도 있었다.

자베이閘北의 역병은 하루가 다르게 심해지고 있다. 또 다이
자오袋角 일대는 '강북객민江北客民'이 주민의 80%에서 90%를
차지한다. 쿨리로 생계를 유지하는 사람은 평소 위생에 주의를
기울이지 않기 때문에 불과 며칠 사이에 콜레라로 사망하는 사
람이 벌써 백수십 명에 이르렀다. (『신보』 1919년 7월 27일)

콜레라에 걸렸던 것은 '강북객민'이라 불리는 장쑤성江蘇省 북부
출신 돈벌이 노동자들이 많았다. 그리고 부두 노동자도 콜레라로 큰 피
해를 입었다. 마찬가지로 『신보』는 그러한 모습을 아래와 같이 전하고
있다.

근래 푸둥에서는 콜레라에 감염되는 사람이 많고, 사망자 대
부분은 몸에 너덜너덜한 옷을 입은 빈민이거나 부두의 '쿨리샤
오공苦力小工'이다. 이 중 누군가는 일을 그만두거나 고향에 내려
가 콜레라 난을 피하려다 보니 부두 쿨리가 부족하다. 쿨리의 우
두머리인 공터우工頭가 사방에서 모집을 하고 임금을 배로 올려
보지만 좀처럼 사람이 모이지 않는다. 홍커우虹口에서도 마찬가
지이다. 『신보』 (1919년 7월 28일)

각 도시의 상황

1919년에는 중국의 각 도시에서 콜레라가 유행했다. 8월 중순 만

주 펑톈에서도 매일 같이 천 명이 넘는 환자가 발생했고, 블라디보스토크 하얼빈 다롄 등에서도 콜레라가 유행하였다.

하얼빈에서는 관민이 하나가 되어 임시방역회를 조직하고 현의 지사인 장난댜오張南釣와 우롄더吳連德가 회장이 되어 콜레라 대책을 시행했다.

8월 하순 학교부지에 임시방역의원을 설치하고 철도 화물차를 이용하여 병원으로 만든 「기차의원」도 설치하였다. 8월 5일부터 31일 사이 하얼빈에서는 빈장의원濱江醫院, 임시방역의원, 「기차의원」, 다오리道裏와 난강南崗의 각 의원에서 콜레라로 인한 사망자가 총 3,569명에 이르렀다.

임시방역회는 1919년 8월 7일부터 청결 강화, 환자 검사, 소독, 격리, 매장, 치료 등을 시작하고, 공동묘지(義塚) 유해 중에 외부로 노출된 것을 이장하여 석회로 소독하고 이후 사체 노출을 엄금토록 하였다. 또한 각 구를 사찰하고 호별 검사도 실시했다. 화장실 신설, 거지의 양제소養濟所 수용, 환자 의원 송치, 위중 환자 격리, 도로 청소, 하수구 정리도 진행하였다.

다른 지역으로도 콜레라가 확산되었다. 1919년 여름 푸졘福建 성장은 지방관을 긴급 소집하여 검역 행정을 강화하기 위해 청소와 식품 관리를 강화하고 임시 의원을 설치했다. 그러나 8월 초까지 1,339명의 사망자가 발생했다.

군대에서도 콜레라가 유행했다. 지린독군吉林督軍의 조사에 따르면 1919년 8월 초부터 10월 하순, 독군서에서의 사망은 11명, 혼성여단 전체에서 5,243명의 환자(사관 114명, 병사 5,119명)이 발생하였고, 사망자는

226명(사관 22명, 병사 204명)에 달했다. 이렇듯 1919년에는 중국에서 콜레라가 대규모로 유행했다. 그러나 제1장에서 기술한 대로 우렌더를 위시한 위생관계자의 노력으로 감염병 대책은 19세기 말, 20세기 초에 비해 상당히 조직화 되어 있었다.

콜레라와 중국

상하이에서 간행되던 유력 영자지 『노스 차이나 헤럴드(North China Herald)』는 1919년 9월 초 정저우鄭州에서 약 천 명의 콜레라 환자가 발생했고, 그 중 약 400명이 사망했다고 보도했다.

이 기사에서 주목되는 점은 현재의 콜레라 유행은 일본인이 음식에 독을 넣었기 때문이라고 하는 소문이 퍼지고 있었다는 것이다.

중국 전역에서 콜레라가 유행하고 있던 1919년은 5·4운동에서 볼 수 있듯이, 대중국 21개조요구와 제1차 세계대전을 계기로 한 일본의 중국 진출 확대에 대한 민중의 불만이 고양되고 있던 시기였다.

일본의 음모설은 제1장에서 언급한 만주 페스트 유행 때도 있었다. 콜레라의 경우도 사실이 아니었지만 소문의 배경으로 빠지지 않았다. 중국에서는 이후에도 콜레라의 유행이 계속되었고, 그 극복은 20세기 중반 사회주의 시대를 기다려야 했다. 인도의 지역병이었던 콜레라가 중국으로 전파되고 토착화되어 많은 생명을 앗아간 감염병이 된 것이다.

중국의 정치나 사회에 끼친 감염병의 영향을 고려해보면, 페스트의 충격이 크기는 했지만 중국의 거대한 인구는 페스트로부터 거의 영향을 받지 않았다. 그러나 콜레라는 사람들에게 무시할 수 없는 영향력을 끼친 감염병이다. 그것은 지금까지 말한 바와 같이 수도로 상징되는 위생 인프라와 항구검역의 정비가 이루어지지 않았던 것이 콜레라라는 감염병에 접촉될 기회를 준 것이다.

'동아(동방)병부'란 1920년대까지의 중국을 비판하는 말이다. 그것은 바로 '19세기 감염병'이었던 콜레라의 유행을 좀처럼 극복하지 못했던 중국의 정치와 사회를 가리키는 말이기도 했다.

2. 대만의 말라리아 — 개발원병

말라리아란 무엇인가

말라리아는 말라리아 원충이 암컷 아노펠레스 모기의 흡혈로 인해 동물의 몸속으로 유입되어 발생한다. 말라리아는 사람뿐만 아니라 파충류·조류·포유류에도 감염된다.

말라리아(malaria)의 어원은 이탈리아어의 mal-aria(나쁜 공기라는 뜻)로, 원인이나 감염 메커니즘이 밝혀지지 않았던 시대에는 습한 땅에서 피어오르는 나쁜 공기가 원인으로 여겨졌다.

사람의 말라리아에는 삼일열 사일열 달걀형 및 열대열의 네 가지 종류(네 가지 말라리아 원충)가 있다. 모두 고열이 발생하는 것이 특징이며, 발열 빈도에서 삼일열(한 번 발열하고 삼일차에 다시 발열), 사일열(동일하게 넷째 날에 다시 발열), 말라리아 원충 형태에서 달걀형으로 분류된다. 또한 열대열 말라리아는 치사율이 높은 악성 말라리아이다. 1880년 알제리에 주둔하던 프랑스군 군의관이었던 알퐁스 라블랑(Alphonse Laveran)이 말라리아 원충을 발견했다. 이후 영국령 인도군 군인을 아버지로 둔, 인도에 태어나 인도 근무 군위단의 군의관을 맡고 있던 로날드 로스 (Ronald Ross)는 1897년 아노펠레스 모기가 사람에게 말라리아 원충을 매개하는 동물임을 발견했다. 그리고 이탈리아인 학자인 조반니·B·그라시(Giovanni Battista Grass)가 이 메커니즘을 확인하였다.

로스의 발견에 시사점을 준 것은 패트릭 만손(Patrick Manson)이다. 만손은 스코틀랜드 에버딘에서 태어나, 1866년부터 오랫동안 중국 해관에서 의사로 근무한 적이 있다(가오슝에서 1866~71년, 샤먼에서 72~99년). 1899년에 귀국하여 런던의 열대의학교를 창설하여 '열대의학의 아버지'로 불리게 된 인물이다.

중국의 유행지역

중국은 오래전부터 말라리아가 유행하고 있었다. 여기서는 말라리아가 유행했던 지역 중 하나인 윈난의 상황을 살펴보자.

『후한서』 등의 정사에는 윈난에서의 말라리아 발생을 가리키는 '장기瘴氣'나 '장역瘴疫' 등이 언급되고 있다. 이후 20세기에 이르기까지 윈난에는 많은 한인들이 정착 개발을 추진하였는데, 그 가장 큰 걸림돌은 말라리아였다. 말라리아는 사람이 삼림을 개발하거나 농업을 통해 자연환경에 작용하면서 발생하는 감염병이기 때문이다. 이러한 특징을 가진 감염병을 '개발원병'(deveopo-genic disease)이라 부른다.

20세기 전반 파우스트(E. C. Faust)는 중국 해관의 「의료보고」 등 문헌 자료를 조사하고 각지에서 의료 활동에 종사하는 의사에게 말라리아 발생상황을 문의하여 중국에서의 유행 상황을 밝혔다.

그에 의하면 중국 및 그 주변에서는 다음과 같은 지역에서 말라리아가 유행하고 있었다.

1. 창장長江 하류 유역과 동남 연해주(대만 포함) 등에서의 유행
2. 쓰촨성四川省에 이르는 장강 중상류 유역의 유행
3. 산시성山西省·산시성陝西省 남부, 간쑤성甘肅省 중부 발생
4. 허난성河南省의 발생
5. 윈난성雲南省 남서부에서의 거센 유행
6. 만주에서의 일부 발생

또한 연해주에서도 상당한 유행이 있었고, 한반도에서도 말라리아가 발생하기도 했다.

비슷한 시기 협화의학교의 펑란저우馮蘭洲는 말라리아를 매개하는 각종 아노펠레스 모기의 분포 상황을 조사하였다. 말라리아는 사람에게 말라리아 원충을 매개하는 모기가 없으면 발생하지 않으므로 대책을 세우기 위해서는 반드시 매개 모기의 분포 상황을 알아야 했다.

대략적으로 정리해보면 중국의 말라리아는 화난華南과 윈난에서의 열대열 말라리아 유행, 그 외의 지역에서의 삼일열과 사일열 말라리아 유행으로 나눌 수 있다. 그러나 말라리아 발생 요인은 다양하여 1903~10년의 뎬웨철도滇越鐵道(쿤밍과 베트남 하노이 사이를 연결) 건설 공사나 29년 난징 중산릉(손문의 능묘) 건설 공사 시에도 말라리아가 발생한

것으로 알려져 있다.

1919년 우페이푸吳佩孚의 군이 후베이·후난에서 북상하면서 뤄양
洛陽과 베이징에서도 열대열 말라리아가 발생한 적이 있다. 또한 1923
년에도 쑨원이 지휘하는 광둥군 정부 군대가 광둥성 허위안河源에 주
둔했을 때 홍수가 발생해 면역이 없는 장병 상당수가 말라리아에 의해
사망하고 주민에게도 피해가 미친 것으로 알려져 있다. 이상과 같이 사
회적 원인으로 인한 전쟁이나 군대의 이동, 대규모 건설 공사도 말라리
아 발생의 요인이다.

대만출병

개발 원병으로서의 특징을 가장 잘 보여주는 것이 대만 내 말라
리아 유행이다. 대만의 본격적인 개발은 대만을 점거하고 만주족 왕조
인 청나라에 대항한 정씨鄭氏 정권이 푸젠성에서 다수의 이민을 도입
하면서 시작되었다. 17세기 이후 대만의 대륙 쪽 평야 지역에서 한인
이민에 의한 개간이 진행되었다. 대만의 개척은 원주민과 한인들의 땅
을 둘러싼 다툼의 역사이지만 한편으로는 말라리아와의 투쟁의 역사
이기도 하다.

대만에서 말라리아 유행 메커니즘을 자세히 검토한 구야원顧雅文
에 따르면, 한인 이민에 의해 개간이 진행되면서 면역이 없는 이민자들
사이에 말라리아가 유행했다. 그러나 어느 정도 개간이 진행되고 아노
펠레스 모기의 서식 지역이 축소되면서 사람과 말라리아 모두에 일종

의 균형 관계가 생겨 유행은 일단락된다. 개간이 다시 진행되면서 말라리아가 유행하지만 다시 균형 관계가 생기게 된다. 그리하여 19세기 대만에서는 개발과 말라리아 사이에는 일정한 균형이 이루어지게 되었다.

1871년 대만 원주민에 의한 미야코지마宮古島 주민 살해 사건이 발생하자(牡丹社事件)[3] 74년 일본은 대만으로 출병했다. 이는 근대 일본 최초의 해외파병이었지만 대만에 파견된 일본군을 괴롭힌 것은 '대만열台灣熱' 혹은 '이장열弛張熱'로 불렸던 말라리아였다. 파견군의 군의관이었던 오치아이 야스조落合泰蔵에 의하면 1874년 8월경의 상황은 다음과 같다.

당시 환자의 증가가 날로 심하여 거의 전군의 8~9할이상이며, 이장열은 그 중 7~8할을 차지하고, 티푸스열이 그 다음이다. 그 원인이 일어나는 곳을 생각해보면 두 가지 이유가 있다. 하나는 현재의 영지營地는 예전의 초지인데 지금 이제 새롭게 개간하니 동물에서 나오는 유독한 분자가 공기 중에 부유하기에 되었다. 또 하나는 열대지역에 익숙하지 않은 것인데, 현지인이 이 병에 걸리는 경우는 매우 적다. 대개 한번 이장열을 앓은 사람은

---

3   역자주: 1874년 청과 일본 양국에 조공을 바치고 있던 류큐국의 표류민 54명을 타이완 원주민들이 살해한 것을 계기로 일어난 사건이다. 일본은 이로 인해 출병하여 대만 남부 원주민 부락을 공격하는 군사행동을 개시하였다. 이때 일본군은 대만 서남부 서랴오강社寮港으로 들어가 원주민을 공격하여 전사자가 12명이 나왔는데, 당시 말라리아의 창궐로 561명의 병사자가 일본군에서 나왔다. 이 사건을 계기로 일본은 류큐에 대해 중국측에 대한 조공을 중지하고 메이지 연호를 사용할 것을 명령하였다. 하지만 류큐는 계속 청과의 관계 존속을 원하며 외교교섭이 진행되었지만 결국 청일전쟁으로 시모노세키조약이 체결되면서 류큐의 일본 귀속이 마무리되었다. 중국에서는 '모란사사건'이라고 부르고, 일본에서는 '대만출병' 혹은 '정대지역征臺之役'이라 부른다.

완치가 매우 드물고, 설령 가볍다고 해도 4~5일이 지나면 늘 재
발하곤 한다.

(落合泰蔵『明治七年征蛮医誌』)

이 시기 말라리아 원충은 아직 발견되지 않았는데, 오치아이는
"더러운 땅과 소택지에서 나쁜 공기가 증발하여 대기로 올라가 서로
섞이고 부유하며, 사람이 공기에서 이를 흡입하여 피 속에 들어가서 유
기 작용으로 합쳐져 몸속에서 발효하니, 그 작용으로 나타나게 되었을
것"이라고 말해 원인을 나쁜 공기(瘴氣)에서 구했다. 그리고 9월 말에
오치아이 자신도 말라리아에 걸리고 말았다.

청일전쟁과 「방문대」

청일전쟁 때에도 대만에서 말라리아가 유행했다. 전쟁 말기인
1895년 5월 말 일본군은 대만에 상륙하여 6월초 지룽·타이베이를 점령
하고 남부로 진군하였다. 이 작전은 여름에 이루어졌기 때문에 일본군
장병들에게 말라리아 환자가 많이 발생했다. 일본군은 이때 말라리아
특효약인 키니네(quinine)에 의한 예방을 시도하였다. 상륙 이전 일주일
전부터 복용을 시작했던 실험 단계에서는 상당히 효과가 있었다. 하지
만 실제 전쟁에서는 많은 장병들이 말라리아에 걸렸다.

말라리아 대책은 현재에 이르기까지 크게 두 가지 나눌 수 있다.
말라리아 원충을 혈액검사를 통해 발견하고, 키니네 등의 치료제로 말

라리아를 억제하고 박멸하는 원충 대책과 말라리아 원충을 매개하는 아노펠레스(Anopheles) 모기를 죽여 말라리아를 억제하고 박멸하는 모기 대책이다.

고이케 마사나오小池正直 육군성 의무국장은 1901년 대만 주둔군의 말라리아 대책으로 방문법防蚊法을 실시한다. 구체적으로는 한 부대를 「방문대防蚊隊」라 하여 일몰 30분 전부터 일출 30분 후까지의 사이에 병사 외출을 금지하고, 막사는 모기 침입을 막는 설비를 갖추며 야간에 보초를 설 때에도 모기 마스크와 장갑을 장착한다는 것이다. 이는 일종의 실험이기도 했는데, 「방문대」 아닌 부대와의 상황을 비교하려는 목적으로 시행한 것이다.

1902년까지 「방문대」에는 말라리아 환자가 한 명도 발생하지 않았던 반면, 그 외의 부대에서는 많은 말라리아 환자의 발생이 확인되자 전 부대에 동일한 아노펠레스 모기 대책을 강구할 것을 명했다.

대만총독부 경무부 위생과장으로 대만총독부 타이베이 의원장 및 의학교장을 겸임하고 있던 다카기 토모에高木友枝는 1905년에 개최된 대만의학회 대회에서 외국의 말라리아 대책으로, ①땅을 정리하고, 석유 등의 살포를 통한 유충 대책을 중심으로 하는 영국식 ②키니네 복용에 의한 치료를 중심으로 하는 독일식 ③가옥에 모기 방지 조치를 하고 제충국除蟲菊 등으로 모기를 구축하는 이탈리아식의 3가지 방법으로 정리하였다. 그러면서 "말라리아 예방의 진수는 그 병의 원인이 되는 지식을 일반에 보급하고, 토지 상황에 따라 영국식을 응용하여 독일식을 장려하거나 이탈리아식을 실시하게 하는 데 있다. 이렇게 본 섬의 말라리아 퇴치를 기대할 수 있을 것이다"(『台湾医学会雑誌』第29号, 1905年

1月)라고 기술하면서 열국의 대책을 감안해 종합적으로 이를 운용할 필요가 있다고 하였다.

대책의 전개

지금까지 살펴본 바와 같이 일본식민지 통치하에서 대만에서 검토되었던 말라리아 대책에 모기 방지 대책의 필요성이 고려되었다는 것이다. 그러나 실제로 대만에서 진행된 말라리아 대책은 독일의학, 그 중에서도 로베르토 코흐가 제창한 원충 대책을 중심으로 하는 방법이었다.

코흐는 19세기 말 독일식민지 등에서 감염병 연구를 정력적으로 진행하고, 독일령 동아프리카에서의 경험을 기초로 말라리아 유행이 심했던 이탈리아에서 연구를 진행하였다.

대만총독부는 1899년 대만지방병과 전염병 조사위원회를 설치하고 구체적인 대책 연구에 착수했다. 대만의 말라리아 대책을 이끈 학자 중 한 명이 기노시타 카시치로木下嘉七郎였다. 기노시타는 1904년부터 독일에 유학하고 귀국 후 대만에서 말라리아 예방 대책에 종사했다. 1906년 가오슝주高雄州 자셴푸甲仙埔에서 장뇌樟腦 생산을 목적으로 이민 온 일본인 사이에 말라리아가 유행하였고, 주변 취락에서도 말라리아가 유행하였다. 이런 가운데 기노시타는 대규모 혈액검사를 실시하여 7월부터 주민 3,500명에 대해 함부르크 열대병 연구소 창설자이자 초대 소장인 베른하르트 노흐트(Bernhard Nocht)의 키니네의 예방 복용을 실시하여 현저한 성과를 거두었다. 이렇게 기노시타는 대만의 말라리아 대책을 맡을 것으로 기대되었지만, 1908년 36세의 젊은 나이로 세상을 떠나고 말았다.

기노시타가 사망한 후, 하토리 쥬로羽鳥重郎(1871~1957)가 대만의 말라리아 대책에 종사하게 된다. 하토리는 군마현群馬県에서 태어나 내무성 의술 개업 시험에 합격하였고, 일본 우편선의 선의船醫 등을 거쳐 1899년에는 타이베이 위생시험실 주임, 1904년에는 대만총독부 의학교 강사, 1906년에는 항구검역의관, 1909년에는 방역관[말라리아 담당]이 되었다.

하토리는 1910년 6월 타이베이청台北廳 베이터우좡北投庄에서 구시가지의 주민 1,200명, 고지의 신개발지 주민 400명(이 중 일본인 100명)에 대해 혈액검사와 비종脾腫 검진(말라리아가 발병하면 복부가 부어오르고, 이를 비종이라 한다)을 실시하고 양성 반응을 보인자에게 키니네를 강제 복약토록 했다.

키니네 복용법은 기노시타 카시치로가 1906년 자셴푸甲仙埔에서 시도한 방법으로, 성인이 첫 3일간 복용할 때 1밀리그램의 소금을 함께 복용하고, 다음 3일간은 먹지 않고, 다음 3일간에는 복용하고 하지 않고를 계속하다가 일곱번 째가 되었을 때 중단하는 것이었다. 또한 비종이 있는 사람에게는 그라시가 고안한 약품을 복용하게 하였다. 하토리는 모기장 사용 독려, 가옥 내외의 배수, 제초도 실시하였는데 이 시도는 매우 성공적이었다.

대만총독부는 이상과 같은 시범 대책(베이터우방식)의 성과에 따라 이를 각 지역의 말라리아 억제 시행 지역으로 확대하며 대책을 추진했다. 또한 키니네 예방 복용, 모기장 사용 독려를 결정하며 「말라리아방제수칙」(일본어 및 중국어)을 배포하였다.

말라리아 방제 규칙

1913년 4월에는 「'말라리아' 방제규칙」 및 「동시행규칙」이 제정되어 대만 내 말라리아 대책의 법적 기반이 마련되었다.

이 규칙에서는 방역 조합이나 제2장에서 기술한 보갑保甲을 말라리아 대책의 실시 단위로 하였고, 개인이 대책을 충분히 실시하지 않으면 대만총독부가 이를 대신 실시하여 그 비용을 징수할 수 있다고 되어 있다. 또한 정당한 이유 없이 대책을 위한 소집을 거부한 경우나 대책에 따르지 않는 경우에는 벌금이 부과된다고 하는 등 그 내용이 매우 엄격했다.

그림 3-2는 1896~1934년 대만 말라리아 사망자 수와 혈액검사를 통해 말라리아 원충이 발견되는 비율(원충률)의 추이를 나타낸 것이다.

그림 3-2 | 말라리아에 의한 사망자 수와 원충률 추이(1896~1934)

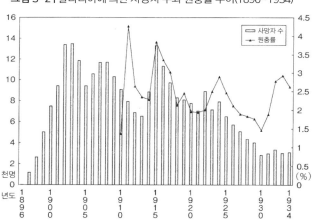

출전: 台湾総督府 『台湾総督府統計書』 各年度. 森下薫 『マラリアの疫学と予防』(菊屋書方, 1976年)에서 필자 작성

19세기 말 말라리아로 인한 사망자 수가 증가 추세를 보이는데, 이는 통계 작성 가능범위의 확대와 정확도 향상, 즉 대만 사회에 대한 식민지 통치의 침투 정도가 높아졌음을 보여준다. 19세기 말 일제에 의한 식민지화 단계에서 대만의 총인구는 250만 명 정도였는데, 연간 만 명을 넘는 말라리아 사망자 수는 인구 동태에도 영향을 끼칠 정도였다.

그 후 말라리아로 인한 사망자 수는 1921년 이후 수년간을 제외하고 점차 감소해 갔다. 본격적인 말라리아 대책이 시작됨에 따라 1909년부터는 원충률原蟲率도 확인 가능하게 되었는데 대규모 혈액검사의 실시가 그 배경이다.

말라리아 원충률은 1913년 이후의 몇 년을 제외하고는 1910년대부터 20년대에는 2%정도까지 낮아졌다. 여기에서 말라리아 대책은 일정 정도 성공을 거뒀다고 생각된다. 하지만 1930년 이후 말라리아 원충률은 다시 상승세로 돌아섰다. 이러한 상승은 혈액검사 방법 개량을 통한 원충 발견의 정확도 향상에 의한 것이었으나, 동시에 1930년대 개발 정책 속에서 장뇌 생산을 위해 산지 개발 등이 적극적으로 진행된 결과이기도 했다. 말라리아로 인한 사망자는 감소하고 있었으며, 대만 개발을 가능케 한 것은 이러한 말라리아 대책이었다.

고이즈미 마코토과 모리시타 카오루

대만총독부 연구소 위생학부(1912년에 개편된 중앙연구소 위생부)에서 말라리아를 연구를 진행했던 것은 고이즈미 마코토小泉丹과 모리시타

모리시타 카오루

카오루森下薰였다.

고이즈미 마코토(1882~1952)는 도쿄제국대학 동물학과 졸업 후 전염병 연구소에 입소하여 1914년부터 대만총독부 연구소 위생학부의 기사가 되어 말라리아 연구를 진행하였다. 이 사이 미야지마 미키노스케宮島幹之助와 함께 말레이 반도에서 일본인이 경영한 고무농장의 말라리아 조사를 실시하였고, 1920년에는 만주에서도 말라리아 조사를 실시하였다. 그리고 국제연맹 보건 기관의 이사가 되었고, 26년에는 야에야마八重山 제도의 말라리아도 조사하였다.

고이즈미 마코토가 1924년 게이오기주쿠慶応義塾 대학 교수가 되어 도쿄로 돌아가자, 후임이 된 사람이 모리시타 카오루(1896~1978)이다. 모리시타는 1921년 도쿄제국대학을 졸업하고 대학원에 진학하여 동물학을 배우고, 23년 기타사토北里연구소에 들어가, 미야지마 미사노스케에게 사사했다. 1924년 미야지마의 소개로 고이즈미의 후임이 되어 대만총독부 중앙연구소 위생부에 들어가 대만지역병 및 전염병 조사위원회에 참여하였고, 이후 타이베이 제국대학 교수가 되어 말라리아 연구를 진행하였다.

모리시타는 도쿄(1925년)나 캘커타(1927년)에서 개최된 극동 열대의학회의에도 참석하였다. 또 1934년 국제연맹이 싱가포르에서 개최한 제1회 말라리아 강습회에도 참가하여, 인도 및 동남아시아의 말라리아 대책을 시찰하였고, 말라리아 대책을 추진하던 말콤 왓슨 등 다른 외국의 말라리아 학자들과도 의견을 교환했다.

　　이러한 말라리아 연구의 진전 속에 1919년에는 「말라리아 방제수칙」의 개정이 이루어졌고 수칙 조문에 아노펠레스 모기 대책이 명시된다. 개정은 당시까지 방제 대책의 중심이었던 원충 대책에서 모기 대책으로 방침 전환을 꾀한 것이었다. 그러나 대만의 실제 대책은 원충 대책을 중심으로 하고 있었다. 대만에서 집요하게 원충 대책 중심으로 말라리아 방충 작업을 실시한 것은 최초로 채택한 방법을 변경하지 않았기 때문이라고 모리시타는 기술하였다. 또한 대만의 말라리아가 개발로 인한 생태계의 균형 파괴로 인해 발생한 것이라면서 모리시타는 다음과 같이 기술하였다.

　　대만에서 말라리아 대책에 본격적으로 손을 댄 것은 대만 점령 이후 15년이 지난 메이지 43(1910)년이다. 그때까지는 페스트 대책에 쫓겨 여유가 없었으리라 생각된다. 내가 대만에 갔던 다이쇼13(1924)년 즈음에는 말라리아로 인한 사망률이 세 번째였지만 그 후 점차 하위권으로 내려갔다. 그러나 만성 말라리아는 크게 줄지 않았다. 새로 개간하거나 이주할 때는 반드시 말라리아가 따라다녔다〔후략〕(森下薫『マラリアの疫学と予防─台湾に於ける日本統治時代の記録と研究』)

　　그리고 모리시타는 대만의 말라리아 대책에 대해 다음과 같이 총괄하였다.

결국 대만의 말라리아가 억제되기는 했지만 그대로 일본의 시대가 끝나고 말았다. 근절되지 못한 셈이다. 오히려 전쟁 말기에는 약의 부족으로 유병률이 조금 늘어났을 정도였다. 요컨대 감염원이 남아 있었던 것이다. 대만의 말라리아 대책은 여러 가지였지만, 뭐니 해도 치료가 주체였던 것 같다. 그래서는 근절이 잘 안 되었다. 모기에 대한 대책을 더 강력하게 시행하지 않으면 안되었다. 요컨대 근본적인 고려 방식이 충분치 않았던 것 같다.

(「森下薫教授に聞く台湾の熱帯医学」『東寧会40年-台北帝国大学医学部とその後』)

모리시타는 2차대전 후 오사카 대학 미생물병 연구소 교수가 되어 열대의학과 동물학의 연구를 계속하면서 전후 재건된 일본 열대의학회의 초대 회장(1959년)이 된다.

영화 『말라리아』

1939년에 교육용 영화 『말라리아』(감독 기시모토 센지岸本專治)가 만들어졌다. 시오노기 제약의 전신인 시오노 요시塩野義 상점 학술영화부 제작이다. 말라리아 원충과 사람에게 감염되는 메카니즘 발견의 역사와 말라리아 대책의 역사를 되돌아보고, 증상 및 환자 발견을 위한 혈액검사, 치료제인 키니네 투여 방법, 매개체인 아노펠레스 모기에 대한 대책 등을 상세히 소개하고 있다. 시오노 요시 상점이 이 영화를 제작한 것은 당시 대만에서 키니네 생산에 착수했기 때문이다.

그림 3-3 | 영화 『말라리아』(1939년)

감수자로는 타이베이 제국대학 교수 모리시타 카오루와 오다 토시로小田俊郎 (1892~1989)가 이름을 올렸으며 영화는 대만에서 촬영되었다.

영화 『말라리아』 속에는 말라리아 환자의 비종 검사 모습이 기록되어 있다. 흰옷을 입은 사람은 의사나 검사 기사이며, 그 앞에 늘어선 대만인(말라리아 대책을 위해 설치된 말라리아 방제지구 원주민)과 이를 감시하는 검은 제복 경찰관의 모습이 담겨 있어 대만의 말라리아 대책의 방침을 단적으로 보여준다.

대만총독부의 말라리아 대책을 회고하면서 호리우치 쓰키오堀內次雄(대만총독부의학교 교수·교장)와 하토리 시게로羽鳥重郎는 "서방인들이 영토를 새롭게 통치할 때 먼저 종교인을 앞세워 그렇게 해서 차차 선무하는 것이 보통이지만, 일본인에게는 그런 편의가 없기 때문에 의사를 중심으로 한다"며 수리사업 등 토지정리와 인프라 정비도 말라리아 대책을 이유로 실시되었다고 지적했다.

말라리아 대책은 일본 대만통치의 근간으로 대만총독부가 대만 사회, 특히 원주민 사회를 포함한 농촌 사회와의 관계를 구축하는 중요한 통로였다.

대만의 의료·위생 사업은 식민지 통치의 긍정적 부분으로 여길 수 있다. 확실히 말라리아가 어느 정도 억제된 것은 사실이지만, 다른 한편으로 대만총독부가 혈액검사라는 통로를 통해 원주민을 포함한 대만 사회에 개입을 강화한 것도 사실이다.

박멸을 향해

일본식민지 통치시기 대만은 결국 말라리아 퇴치에 성공하지 못했다. 대만에서 말라리아가 퇴치된 것은 WHO와 미군의 원조 아래 국민정부가 DDT 잔류 분무를 통한 아노펠레스 모기 퇴치 계획 실시 이후이며 1965년 말라리아 퇴치 선언이 내려졌다.

대만에서 실시된 말라리아 대책은 제2차 세계대전 이후 세계 각지에서 진행된 말라리아 대책의 일환으로 원래 1947년 유엔국제부흥기구(UNRRA)가 의해 이탈리아에서 시작한 DDT의 대량 사용을 통한 말라리아 박멸 계획 = 사르디니아 계획을 확대한 것이었다.

WHO 말라리아 전문위원회는 말라리아 근절 계획(Malaria Eradication program)을 입안하고 그리스와 스리랑카 등에서도 DDT 잔류 분무를 통한 말라리아 대책을 시행하여 큰 성과를 거두었다. 이러한 대책은 미군 통치하의 오키나와, 특히 야에야마八重山나 미야코宮古에서도 실시되면서 오키나와의 말라리아도 근절되었다.

한편 중국 대륙의 상황은 어떠했을까. 중국 공산당은 통치의 정당성을 입증하려는 의미에서 다양한 감염병 대책을 추진하였다. 1980년대에는 농업 제도의 개편과 환경 변화, 수리 정비로 아노플레스 모기의 분포 지역이 감소하여 말라리아가 감소하며 유행지역도 변화했다.

인구 이동은 말라리아의 중요한 발생 요인이므로 말라리아가 많은 지역을 대상으로 한 「유동인구학질관리잠행변법流動人口瘧疾管理暫行辨法」(1985년)이 공포되었다. 유동 인구에 대한 검역 강화, 건축·농업·향진 기업 등에서의 노동자에 대한 혈액검사도 실시되어 말라리아 발생률이 저하되고 고도의 감염지역은 없어지게 되면서 열대열 말라리아 감염지역은 20세기 말 기준으로 윈난성·하이난성·광시성 등 3개 지역만 남았다. 그러나 윈난성에서의 말라리아 대책은 매우 곤란하였고, 지구온난화로 인한 말라리아 유행의 위험성에 대응하기 위한 기초적인 조사는 계속되고 있다.

돌아온 말라리아

제2차 세계대전 이후 세계 각지에서 진행된 말라리아 대책, 특히 1957년부터 시작된 DDT 잔류 분무를 통한 WHO의 말라리아 근절계획은 눈부신 성과를 거두었으며 천연두와 마찬가지로 말라리아 근절도 가능해 보였다.

20세기 후반 대만과 오키나와에서 말라리아 퇴치에 이어 중국에서도 발생이 감소하며 말라리아 퇴치가 가능한 것처럼 보였다.

그러나 말라리아는 마치 인간을 비웃듯이 다시 세력을 회복하기 시작했다. DDT로 인한 환경오염 문제가 지적되고, 아노펠레스 모기의 살충제 내성, 키니네를 대체하여 많이 이용하게 된 클로로퀸에 대한 약제내성 출현 등이 원인이다. 이에 WHO는 어쩔 수 없이 방침 전환을 하게 되는데, 말라리아 근절계획은 1969년에는 말라리아 통제계획 (Malaria Control program)으로 후퇴하였다.

중국이나 동아시아에서의 억제는 상당히 성공적이라고 하지만 말라리아는 현재도 HIV나 결핵 다음의 중요한 사인의 감염병이며, 사망자는 아프리카를 중심으로 연간 천만 명 이상에 이르는 것으로 추정되고 있다. 또한 지구온난화로 인한 말라리아 유행지역 확대가 우려되면서, 말라리아 대책은 국제보건 분야의 가장 큰 과제 중의 하나이다.

1992년 암스테르담에서 말라리아 정상회의가 개최되어 WHO 연차총회 등에서 말라리아 대책의 재구축이 요구되었다. 약제내성을 지닌 말라리아 원충의 분포 확대나 환경 보전과 관련된 재식림 등, 농림업 진흥에 따른 말라리아 발생 등, 앞으로도 말라리아는 인류의 가장 큰 의학상의 문제로 계속 존재할 것으로 생각된다.

지구온난화에 따른 말라리아 유행지역의 확대도 우려되고 있다. 2010년까지 평균 1.0~3.5도의 기온 상승에 따라 말라리아 등 감염병이 중위도 지역으로도 확대되었다. 이로 인해 감염 가능지역에 거주하는 인구는 총인구의 60%로 증가하여 연간 5천만 명에서 8천만 명의 새로운 감염자가 나타날 것으로 추정되며, 지구온난화로 인해 21세기에는 서일본도 말라리아 유행 지역이 될 것이라는 관측이 환경청에서 발표되었다.

1998년에 로마에서 개최된 말라리아학 100년 회의에서는 지구의 기온이 3도 상승하면 말라리아는 12~27% 증가할 것이라는 예측이 나왔다. 그로할렘 브룬틀란(Gro Harlem Brundtland) WHO 사무총장은 이를 '롤백 말라리아(말라리아의 재흥)'라고 부르며 경계를 당부했다. 이상과 같이 말라리아는 결코 과거의 것이 아니다. 말라리아가 인류에게 무엇을 말하고 있는지, 우리는 그것에 귀를 기울일 필요가 있다.

3. 일본주혈흡충증
─마오쩌둥 「염병신을 보내며」

일본주혈흡충증이란 무엇인가

중화인민공화국이 성립한 지 얼마 안 된 1950년대 초, 중국의 많은 지역에서 일본 주혈흡충증이라는 기생충병이 만연해 있었다. 일본주혈흡충증은 피부염을 일으켜 위나 혈관이 부어올라 결국에는 피를 토하며 절명하는 질병이다.

일본주혈흡충증은 일본·중국·필리핀에서 발생하는 주혈흡충증의 일종이다. 이 외에도 주혈흡충증으로는 서아시아·아프리카 등에 발생하는 빌하르츠 주혈흡충증, 아프리카·남아메리카·카리브해 지역 등에 발생하는 만손 주혈흡충증, 동남아시아 메콩 주혈흡충증이 있다.

이 질병의 원인이 되는 일본주혈흡충의 알은 물속에서 부화하며, 온코멜라니아(Oncomelania)라는 민물달팽이를 중간 숙주로 하여 성장한다. 그 후 경피 감염을 통해 사람이나 소 등을 감염시켜 일본주혈흡충증이 발생한다.

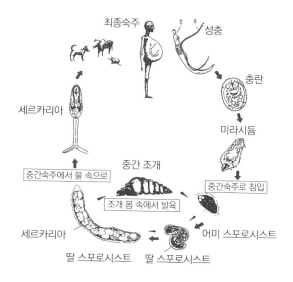

최종숙주

성충

충란

미라시듐

중간숙주로 침입

어미 스포로시스트

딸 스포로시스트

딸 스포로시스트

세르카리아

조개 몸 속에서 발육

중간 조개

중간숙주에서 물 속으로

세르카리아

일본주혈흡충증의 메카니즘 山梨県의 「진료메뉴얼」에서

　　일본에서는 규슈九州의 치쿠고가와筑後川 유역, 히로시마현広島県
후카야스군深安郡(현 후쿠야마시)의 가타야마片山 지방, 야마나시현山梨県
의 고후甲府분지 등에서 일본주혈흡충증이 유행하고 있었다. 고후분지
에서는 이 병을 '수종장만水腫脹満'이라고 불렀는데, "수종장만은 깨진
사발"(병에 걸리면 소용없다)이라 하였으며, "(유행지역이었던) 류지龍地, 단코
団子에 시집가려면 관을 메고 가라"라며 크게 두려워했다. 현재는 일본
주혈흡충증이 근절되었지만 극히 최근의 일이다. 치쿠고가와 지역이
안전하다는 선언이 내려진 것은 1990년이고, 야마나시현의 유행 종식
선언도 1996년에 이르러서의 일이다.

중국에서는 20세기에 장쑤·저장·안후이·장시·후난·후베이·쓰촨성 등 창장長江 유역, 광둥·푸젠·윈난성에서 일본주혈흡충증이 유행했다.

중국의 유행지역은 매우 광대하여 창장 유역만으로도 일본 면적의 약 6배 넓이이다. 1950년대 초반 환자 수는 3천만 명을 넘었을 것으로 추정된다. 일본주혈흡충증은 중국 역사상 최대의 감염병이었다.

병명 '일본'의 유래

이 기생충병에 왜 일본이라는 이름이 붙었을까? 그것은 일본주혈흡충이라는 기생충과 사람에 대한 감염 메커니즘을 발견한 것이 일본인이기 때문이다.

일본주혈흡충을 발견한 것은 오카야마岡山의학전문학교(현재의 오카야마대학 의학부) 교수인 가츠라다 후지로桂田富士郎(1867~1946)이며 1904년의 일이다. 가츠라다는 야마나시현山梨県의 의사로 이 병에 대한 연구를 계속하고 있던 미카미 사부로三神三郎의 협력을 얻어 고양이와 개를 해부하여 고양이의 간에서 기생충 조각을 발견했다. 그리고 빌하르츠 주혈흡충과의 차이를 확인하여 발견한 기생충을 일본주혈흡충(Schistosomum japonicum 후에 Schistosoma japonicum)이라 명명하였다.

만손주혈흡충과 빌하르츠주혈흡충에는 모두 기생충 발견자인 패트릭 만손(Patrick Manson)과 테오도르 빌하르츠(Theodor Bilharz)의 이름이 붙어 있다. 하지만 가츠라다는 기생충에 자신의 이름이 아닌 '일본'을 붙였다. 이 발견은 일본 기생충학의 금자탑적인 업적이었다. 가츠라다는 일본 근대화 중에 고용한 외국인을 통해 도입되었던 일본 기생충학의 발달 모습을 서구 국가들에 보여주려 했던 것은 아닐까?

그러나 가츠라다가 만약 이 기생충에 자신의 이름을 붙였다면, 중 일전쟁이나 태평양전쟁 때 "일본주혈흡충증은 일본군이 중국이나 필 리핀으로 들여왔다"고 여겨지지 않았을지도 모른다. 지금도 이런 오해 를 하는 사람들이 있다. 하지만 감염병을 둘러싼 오해나 소문이 그 자 체로 의미를 지녔음은 지금까지 언급한 바와 같다.

가츠라다 후지로　　　　　　　미야이리 케이노스케

게다가 가츠라다의 발견 직후, 후지나미 아키라藤浪鑑[교토제국대 학 의학부 교수]가 히로시마현의 가타야마片山 지방에서 죽은 농부의 시신에서 일본주혈흡충을 발견했다. 이 발견 후 영국인 학자인 존 커트 가 싱가포르에서 푸젠성 출신 중국인의 시신에서 기생충을 발견했고, 신종 기생충이라 하여 이를 Schistosoma cattoi라 명명했다. 커트는 만손 이나 빌하르츠를 본떠 자신의 이름을 붙인 것이다. 하지만 커트가 발견한 기생충은 가츠라다나 후지나미가 가 발견한 기생충과 같은 것이었다. 이렇게 일본주혈흡충의 발견은 가츠라다의 공적이 되었다.

일본주혈흡충이 발견되자 다음으로 문제가 된 것은 사람이나 가축에 대한 감염 메커니즘이다. 일본주혈흡충의 중간 숙주가 온코메라니아 민물달팽이라는 것을 발견한 것은 규슈제국대학 의학부 교수 미야이리 케이노스케宮入慶之助(1865~1946)로 1913년의 일이었다.

미야이리는 치쿠고가와筑後川 유역을 조사하던 중, 사가현佐賀県 미야기군三養基郡 기자토무라基里村 사카이酒井(현 鳥栖市 酒井東町)에서 도랑에서 기어 다니는 달팽이에서 일본주혈흡충의 유충을 발견했다.

이 달팽이는 미야이리의 조수를 맡았던 스즈키 미노루鈴木稔가 히로시마현 가타야마片山 지방과 고후甲府 분지에서도 채집했던 것으로, 여기에 일본주혈흡충의 중간 숙주가 온코메라니아(Katayama nosphora Robson)임이 확인되었다. 온코메라니아는 미야이리 등의 공적을 따서 일본에서는 '미야이리 가이宮入貝'라 불리게 되었다.

중국에서의 유행

가츠라다 후지로가 일본주혈흡충을 확인한 다음 1905년 미국인 연구자인 로건이 후난성 창더常德에서 일본주혈흡충의 알을 확인하여 가츠라다가 발견한 것과 같은 종류임을 확인했다. 중국에서도 일본주혈흡충증의 유행이 확인된 것이다.

그런데 일본주혈흡충증은 언제부터 중국에서 유행하게 된 것일까. 후난성湖南省 마왕두이馬王堆에서 발견된 미라에서 일본주혈흡충 알이 발견되었듯이 중국에서도 아주 오래전 일본주혈흡충증이 유행했던 것은 확실하다.

옛 의학문헌, 예를 들어 동진시대의 『주후구졸방肘後救卒方』이라는 책에는 '수독水毒' '수고水蠱' 등의 기록이 있다. 또한 수나라의 소원방巢元方의 『제병원후론諸病源候論』에는 '수독병水毒病', 그 후의 의학 문헌에도 '고독蠱毒' '고창蠱脹' 등의 기록이 있다. 이들은 아마 일본주혈흡충증을 지칭하는 것으로 생각된다. 병의 원인이 기생충인 줄은 몰랐지만, 이 감염병이 물과 깊은 관계에 있다는 것을 강하게 의식했던 것이다.

명청시기가 되면 일본주혈흡충증의 기록이 증가하는데, 장쑤 안후이 저장과 후베이 광둥 등에서 '고창병蠱脹病' '대복자大腹子' 등의 기록이 보인다.

이 병의 증상으로는 배가 불룩해지는 것이 특징인데, 20세기 전반 중화민국 시기 장쑤성 상하이현에서는 "天不怕, 地不怕, 就怕生病肚子大"(하늘도 무섭지 않고 땅도 무섭지 않지만, 병으로 배가 불룩해질까 두렵다)라는 속담이 있었을 정도이다. 장쑤성에서 일본주혈흡충증은 증상에 따라 '수고창병水鼓脹病' '두포병肚胞病' '팽창병膨脹病' 등으로 불렸다.

일본주혈흡충증의 유행은 벼농사를 위한 토지 이용 방식 = 인위적인 환경 변화와 깊은 관련이 있다. 즉 수전의 개발로 일본주혈흡충증의 유행이 확산되었다고 생각된다. 이 점에서는 일본주혈흡충증도 말라리아와 마찬가지로 '개발원병'의 성격을 가지고 있다고 할 수 있다.

스티브날

20세기 초 가츠라다 후지로와 미야이리 케이노스케의 노력으로 일본 주혈흡충증의 원인과 감염 메커니즘이 밝혀지자 각지에서 본격적인 대책이 진행되었다. 여기서는 일본의 유행지 중 하나였던 야마나시현山梨県의 사례를 소개하고자 한다.

그림 3-4 |『나는 지방병박사다』

야마나시현은 1909년 일본 주혈흡충증의 대책을 추진하는 조직으로 야마나시 지방병연구부를 설립했다. 1914년에는 일본주혈흡충증의 원인과 감염 메커니즘, 예방 방법을 간단히 설명한 팜플렛『나는 지방병 박사다(일본주혈흡충증 이야기)』를 제작하여 이를 배포하였다.

일본 주혈흡충증의 예방을 위해 그 메커니즘을 알고 기생충에 접촉하지 않도록 하는 것이 필요하였다. 이것을 아동·학생에게도 알기 쉽게 설명하기 위한 자료가 만들어진 것이다. 팜플렛은 전체 페이지가 컬러 인쇄로 당시로서는 매우 호화롭게 만들어졌다.

치료를 위한 연구도 진행되었다. 그 중에서도 1911년부터 야마나시 지방병 연구부의 전임기사가 된 미야가와 요네지宮川米次(1885~1959, 후에 도쿄 제국대학 전염병 연구소 교수)가 반유세이미萬有舍密주식회사에 의

뢰하여 독성이 약한 주석산酒石酸 안티몬의 나트륨염을 제조하여 이것을 치료에 사용하게 되었다. 이것을 스티브날이라 부른다.

스티브날은 주사를 통해 일본주혈흡충증 환자에게 투여되었다. 야마나시山梨 현립역사 박물관에는 이 앰플이 전시되어 있다. 스티브날은 확실히 효과가 있었다. 그러나 심장에 대한 부담이라는 부작용도 상당히 컸던 것 같다.

예방을 위한 연구도 진행되었다. 가장 중시된 것은 일본주혈흡충의 중간 숙주인 미야이리가이宮入貝를 박멸하는 방법이었다. 규슈제국대학의 오카베 코요岡部浩洋는 병이 발생한 사가현 지역을 시찰했을 당시 콘크리트 수로 부근에는 미야이리가이가 없었던 점에 착안해 수로의 콘크리트화를 제창했다.

야마나시현에서는 1941년부터 미야이리가이 박멸 3개년 계획이 입안되었다. 하지만 이러한 노력에도 불구하고 전쟁 전에는 일본 주혈흡충증의 박멸은 성공하지 못했다.

그것은 전쟁 때문이기도 했다. 중일전쟁부터 태평양전쟁에 걸친 전시 동원이 이루어지면서 야마나시현에서는 군사용 말의 조달로 인해 농경용 소가 다수 사용되었다. 일본주혈흡충증은 소에게도 감염되기 때문에 마경馬耕에서 우경牛耕으로의 전환과 소의 사용의 증가는 사람 감염의 기회를 증가시키는 결과를 가져왔다.

고미야 요시타카

제2차 세계대전 후 GHQ와 미 육군 406 종합의학연구소가 야마나시현을 비롯한 일본주혈흡충증의 연구와 대책을 진행했다. GHQ가 일본주혈흡충증에 각별히 관심을 기울인 것은 필리핀 레이테섬에서 일본군과 전투하면서 일본주혈흡충증에 시달린 경험이 있었기 때문이다.

의료·위생사업은 미군 장병들의 건강관리를 위해서도 필요하였으며, (예를 들어 천연두 대책 등이 긴급하게 실시되었다) 동시에 일본인들의 미군에 대한 반발 완화와 점령 행정의 원활한 추진이라는 의미도 있었다.

야마나시현 지방병연구부는 1949년 야마나시 의학연구소로 재출발해 53년부터 미국산 산토브라이트(Santobrite) 살포를 통한 살패殺貝를 시작했다. 이는 중간 숙주인 미야이리가이를 죽여서 일본주혈흡충증을 억제하는 방법이다. 이후 수질오염성 농약이라 하여 사용이 금지되고 대신 유리민을 사용하면서 대책이 지속되었다.

달팽이를 죽이는 살패와 동시에 진행된 것이 미야이리가이가 살 수 없게 하는 도랑의 콘크리트화이다. 이것을 추진한 것은 고미야 요시타카小宮義孝(1900~76)이다. 고미야는 당시 후생성 예방위생연구소 기생충부장이었으며, 전쟁 전 상하이 자연과학연구소에서 일본 주혈흡충증 연구를 한 적이 있었다.

고미야의 스승은 도쿄제국대학 전염병연구소 조교수로 독일 사회의학의 일본 도입에 큰 역할을 한 구니자키 테이도国崎定洞(1894~1937)이다. 구니자키는 유학했던 독일에서 공산당에 입당해 대학 제적 후에도 계속 활동하다가 소련에 들어가 스탈린에 의해 숙청되는 운명을 겪게 된다.

고미야는 도쿄 제국대학 의학부 재학 중에 세포 활동과 도쿄대학 신인회新人會에 참가해 사회의학 연구회를 조직하면서 좌익 운동에 참가한 경험이 있다. 대학 졸업 후 1925년부터 요코테 치요노스케橫手千代之助가 교수를 맡고 있던 위생학교실의 조수가 되었다.

이 시기 다나카 세이겐田中清玄의 권유로 일본 공산당에 입당한 것으로 알려져 있다. 또한 경시청 위생부 보건조사과 촉탁으로 결핵 만연 상태에 관한 조사 등을 실시하였다. 고미야는 사회의학과 사회위생학이 전문으로 기생충학에 특별한 관심이 있었던 것은 아니었다.

1930년 공산당원의 전국적인 검거 속에서 고미야도 체포되어 대학 조수에서 해임되었다. 고미야는 기소 유예로 되어 석방되었다. 그리고 요코테의 권유로 이른바 '국외추방'되는 형식으로 상하이 자연과학연구소에 들어갔다. 상하이 자연과학연구소에서 고미야는 타오징쑨陶晶孫(1897~1952) 등 중국인 연구자들의 협조를 받아 간흡충과 일본주혈흡충 등을 연구 대상으로 삼으면 기생충학으로 전환했다.

타오징쑨은 장쑤성 우시無錫에서 태어났으며, 아버지가 일본에 유학하여 변호사가 되었기 때문에 아홉 살 때부터 도쿄에 살았고, 규슈 제국대학 의대에 진학했다. 1929년부터 상하이 동남의학원 교수가 되어 중국으로 돌아와 상하이 자연과학연구소에서 병리학 연구에 종사하였다. 타오는 일제 패전 후 타이베이 제국대학 접수를 위해 대만으로 건너갔다가 국민정부가 내전에 패해 대만으로 옮겨오자 일본으로 망명해 도쿄대학에서 중문학을 가르쳤다.

제2차 세계대전 이전 중국에서 농촌조사를 진행하며 중국 농업사

고미야 요시타카

연구에 대한 체계적인 연구를 남긴 아마노 모토노스케天野元之助는 그의 연구에서 종종 농촌 감염병을 언급하였다. 당시 농촌에서는 많은 감염병의 만연이 큰 문제였다. 그리고 아마노가 참고한 것은 고미야 요시타카가 상하이 자연과학연구소의 조사활동 중 집필한 『중남부 중국에서의 기생충병中南支における寄生虫病』(1942년) 등의 보고서였다.

패전 후, 고미야는 일본으로 돌아와 1949년 전 마에바시前橋 의과대학(현재의 군마群馬대학 의학부) 교수가 되어 위생학을 담당한 후, 후생성의 예방위생연구소 기생충 부장이 된다.

고미야와 함께 GHQ와 협력하면서 야마나시에서 일본주혈흡충증 대책을 진행한 것은 요코가와 무네오横川宗雄였다. 요코가와는 타이베이 제국대학 의학부 교수로 기생충학을 연구했고, 요코가와 흡충의 발견자로 유명한 요코가와 사다무横川定의 셋째 아들로 타이베이 제국대학 의학부에 진학하였고, 졸업 후에는 부수副手를 담당했다. 전쟁 중에는 단기 현역 군의관으로 종군하였고, 돌아온 후에는 1947년 국립예방위생연구소의 기관技官[4], 50년 국립공중위생원의 기관을 거쳐 56년

---

4   역자주: 기관이란 사람들의 건강을 지키기 위해 의사나 치과 의사의 면허를 가지고, 보건 의료나 공중 보건에 관한 전문 지식으로 활동하는 행정관이다.

부터 치바千葉 대학 의학부 교수(의동물학교실, 후에 기생충 교실로 개원)로 되었다.

중국 공산당의 대책

중화인민공화국이 건국되자 중국 정부는 위생부를 중심으로 위생사업을 추진했다. 인민해방군의 군진위생과 연결되며 1950년 8월에 제1회 전국위생회의(베이징)를 개최했다.

거기서 "노동자·농민·병사를 대상으로", "예방을 위주로 하며", "중국의학과 서양의학의 연대"라는 3대 원칙과 위생행정기관의 정비, 위생교육의 내실화, 의사의 합동에 의한 병원화, 중국의학의 과학화와 서양의학의 대중화 등 4개 항목을 확인하고, 종두와 의사 등에 대한 법규를 정비하여 위생사업의 제도화를 추진했다. 이러한 대책은 중국 공산당이 통치의 정당성을 보여주기 위해서도 필요했던 것이다.

일본주혈흡충증 대책은 1949년 화동군구군정위원회華東軍區軍政委員会 위생부에 '혈흡충병방치위원회'를 설립하여(주혈흡충증은 중국어로는 血吸虫病), 상하이시 위생국에서 의료대를 파견하여 온코메라니아의 분포에 대한 본격적인 조사를 실시했다. 이후 상하이上海 자딩嘉定 바오산寶山 진산金山 쏭장松江 칭푸青浦 난후이南匯 펑센奉賢 촨샤川沙 등 9개 현에 '혈흡충병방치참血吸虫病防治站'을 개설하였다.

이 시기 조사에서 쟝쑤성 칭푸현 롄성향蓮盛郷 런툰춘任屯村(현재는 상하이시에 편입)의 인구는 중화민국 때 960명(275호)였으나, 일본주혈

히에다 켄타로

흡충증으로 인해 일가족 전멸이 121호, 불과 한 명만 살아남은 것이 28호인 상황에서 생존해 있는 461명 거의 모두가 일본주혈흡충증에 감염된 것으로 나타났다.

당시 일본주혈흡충증 치료제로 사용된 것은 스티브날이며, 앞서 설명한 바와 같이 부작용이 컸다고 알려져 있었지만 달리 유효한 방법이 없었다.

이런 가운데 중화인민공화국의 위생행정에 결정적인 영향을 준 것은 중국군의 한국전쟁 참전과 애국위생운동이었다. 애국위생운동은 1952년 2월 미군기가 안둥安東 등 북-중 국경지대에 곤충을 살포하고 세균전을 실시했다는 기사가 『인민일보』에 보도된 것을 계기로 저우은라이周恩來를 주임으로 하는 중앙애국위생운동위원회에 의해 발동된 대중운동이다.

이 운동은 건강한 생활을 위한 생활 습관 전반의 개선을 내용으로 하는 다양한 운동이었다. 이 중에서 기생충 대책, 특히 일본주혈흡충증 대책이 매우 중요한 과제로 여겨졌다.

마침 이 시기 상하이 부근의 일본주혈흡충증 조사를 맡고 있던 일본인 학자가 있었다. 화북의과대학 교수로 중국 정부에 남았던 히에다 켄타로稗田憲太郎(1899~1971)이다.

히에다는 나가사키현 이키壱岐에서 태어나 남만의학당南満醫学堂을 졸업하고 규슈제국대학, 게이오기주쿠대학慶應義塾大学, 협화의과대학協和医科大学(북경), 존스홉킨스대학 등에서 배운 후 만주의과대학 조교수에서 교수가 되었으며, 병리학을 연구했다. 급성 감염병과 만주의 지방병 전문가로 1945년부터 몽강정부중앙의학원蒙疆政府中央医学院(장자커우張家口)의 원장으로 일했다.

일제 패전 후 중국공산당군과 행동을 같이했고, 1953년 귀국할 때까지 화북의과대학 교수로 병리학을 연구했다. 히에다는 일본주혈흡충증의 유행이 공산당군이 대만 침공을 목적으로 창장長江 유역, 타이후太湖에서 실시했던 군사훈련 때문이라 추측하였다.

고미야 미션

1955년 11월, 중일 사이에 국교가 없는 가운데, 일본인 의학자 대표단이 중국을 방문했다. 이 시기 중국 공산당은 각 방면의 전문가를 대거 초빙하고 있었다. 일본인 의학자의 초빙은 중국 공산당의 대외적인 선전으로 중국 정부가 WHO에 가입할 수 없었기 때문에 외국인 의학자 초빙을 통해 다양한 정보를 얻는 것도 목적 중 하나였다.

이때 방중단에 참여했던 것이 도쿄대 전염병연구소의 삿사 마나부佐々学(1916~2006)였다. 삿사는 저우언라이와 만나 창장 중하류 지역에서 일본주혈흡충증이 만연해 있다는 것을 알렸다. 그리고 실제로 그 상황을 시찰하였다.

이렇게 이듬해 1956년 국립예방위생연구소 기생충부장 고미야 요시타카를 단장으로 하는 '고미야 미션'이 중국을 방문하게 된 것이다.

고미야의 방중에 동행한 사람은 오카베 코요岡部浩洋, 요시즈미 요시오吉住好夫, 이토 지로伊藤二郎, 야스라오카 카즈오安羅岡一男이다. 일행은 1956년 9월 26일부터 12월 12일, 베이징·상하이·난징·항저우·우시·한커우 등을 방문하여 중국인 연구자와 함께 일본주혈흡충증 유행 상황을 조사하고 이후 중국 공산당 정부에 구체적인 대책을 건의했다. 이 방중으로 인해 미국은 이후 미일 의학 협력 계획에 참여하게 된 고미야에 여행 비자를 발급하지 않았다.

　　고미야 미션이 중국을 방문한 시기는 중국 정부의 정책이 크게 전환되고 있던 시기였다. 1956년 1월 전국농업발전요강에 따라 농업집단화가 전개되고 있었다. 그리고 『인민일보』에는 "주혈흡충병을 철저히 없애자"는 사설이 실렸다(1956년 1월 22일).

　　중국공산당 중앙에 '방치혈흡충병9인소조防治血吸虫病九人小組'가 조직되었고, 같은 해 12월 중국공산당 장쑤성위원회에 '방치혈흡충병7인소조'(조장 류순위안劉順元 성위원회 부서기)가 조직되었다. 이후 공산당 계통의 각 조직에 5인소조·3인소조가 배치되었다. 그리고 정부에도 각 행정 계통에 혈흡충병 방치위원회가 조직되었다.

고미야의 제언

　　고미야 요시타카는, 우선 중국의 일본주혈흡충증 유행지역이 장쑤성의 거의 전역에 미치고 있고, 쓰촨성에서도 유행지역이 60여 곳이나 되어 일본과 비교되지 않는 광대한 수준이라는 점(일본의 전체 유행지역은 장쑤성 칭푸현의 약 2배 넓이에 불과)과, 온코메라니아의 서식 지역도 광대하며, 작은 개울에서부터 양어장, 산간 계곡에서도 서식하고 있어 생태가 복잡하다는 점을 확인했다. 그만큼 중국에서의 일본주혈흡충증의 박멸은 어려웠다.

고미야는 중화인민공화국의 중앙·지방정부와 학자의 연계와 정부 말단 조직과 인민과의 연계는 긴밀하고 "일본의 현재 상황보다 앞서있고 훌륭하다"(『日本医事新報』第1711号, 1957年2月)고 하면서도, 치료에서는 부작용이 큰 스티브날을 사용하고 있으며 인원 구성면에서는 예방이 치료에 비해 빈약하다고 지적했다.

고미야는 결론적으로 일본주혈흡충증 박멸은 온코메라니아 대책에 중점을 두어야 하며, 분변 관리·물소 감염 문제·살패殺貝 등의 구체적 대책을 제언했다. 온코메라니아 대책에서는 환경 개선에 의한 살패, 즉 돌담 구축법·콘크리트 구축법·소택 습지의 건조화에 중점을 둘 것을 제안했다. 고미야의 제언은 일본의 경험, 특히 야마나시현山梨県에서의 경험을 기초로 한 것이다.

고미야는 "환경 개선에 의한 살패법은 각종 살패법 중에 근본적 기본적 방법이지만 결점은 일반적으로 경비가 많이 든다는 점이다. 그러나 이를 수리 토목 농업 어업 등 각 방면과의 연계 하에 종합개발사업의 일환으로 추진한다면 반드시 어려운 일은 아니다"(앞과 동일)라고 하였다.

대규모 역학조사도 실시되었다. 1956~57년 장쑤성 전체 역학조사에서는 200만 명의 분변검사와 600만 명의 피내皮內시험을 실시하여 일본주혈흡충증 유행지역을 확정하였다. 그 결과 장쑤성 75개 지역 중

45개 지역에서 일본주혈흡충증의 유행이 확인되었고, 유행 지점(鄉)은 875개에 달했다.

상하이 근교의 1956~58년 역학조사에 따르면 3세 이상 주민을 대상으로 한 분변검사의 평균 양성률은 약 20%였고, 그 중 칭푸현은 약 40% 정도로 높았다. 선박을 이용해 물자를 운반하는 일에 종사했던 사람들(船民)의 양성률도 약 34%에 달했다. 가축의 감염도 눈에 띄었다. 1956~60년의 가축 조사에서는 소의 평균 양성률은 14.9%에 달했다.

대중동원

중국 공산당 정부는 1956년부터 본격적인 일본주혈흡충증 대책을 실시했다. 그 특징은 고미야 미션이 제언했던 환경 변화에 의한 온코메라니아 대책이다. 하지만 그것은 고미야가 제언한 도랑의 콘크리트화가 아닌 철저한 대중동원에 의한 하천의 개조(중국어로는 '군중성 토매법群衆性土埋法')이다.

국무원이 1957년 4월 일본주혈흡충증 박멸 지시를 내리기 직전 중국 공산당은 같은 해 2월 「인민 내부의 모순을 바르게 처리하는 문제에 대하여」를 발표하였고, 이후 6~7월에는 반우파 투쟁이 시작되었다.

1958년 5월 중국 공산당 8기 2중전회에서 '사회주의 건설 총노선'이 결정되어 대약진, 수리 건설 운동과 인민공사화가 추진되었다. 즉, 대중동원에 의한 일본주혈흡충증 대책이 추진된 시기는 마침 중국 공산당이 급속한 농업집단화를 추진하던 시기에 해당된다. 1957년 5~6

월 니가타대학 의학부 교수(의동물학)였던 오오츠루 마사미츠大鶴正満 (1916~2008)가 제2차 방중의학사절단에 참가하여 중국을 방문했다.

오오츠루는 타이베이 제국대학 의대 졸업 후 태평양전쟁 중 단기 현역 군의관으로 광저우 말라리아 대책에 종사한 적이 있었다. 다만 타이베이제국대학 시절에는 인류학자 카네세키 다케오金関丈夫의 지도를 받아 처음에는 자연 인류학에 깊은 관심을 가졌다. 2차 대전 후에는 규슈 대학으로 복귀하여 말라리아 연구를 진행하면서, 오오츠루 하마다라카[5]를 발견하면서 의동물학자가 되었고, 1954년부터 니가타대학 의학부 교수가 되었다.

오오츠루는 중국에서 「전국농업발전요강」에 기초하여 위생사업이 중시되고 있고, 일본주혈흡충증·필라리아·구충병·칼라 아자르[6]·일본뇌염·페스트·말라리아·천연두·성병 등의 근절을 위한 의료·위생 관계자의 양성과 동원이 실시되고 있음을 소개하였다. 그리고 4해四害(쥐, 참새, 파리, 모기)의 박멸이 진행되면서 위생 해충 대책으로서의 대중동원이 말라리아 대책 등에서 효과를 보고 있다고 방중보고에 기술하였다.

또한 애국위생운동이 거민위원회-위생소조-각 호의 종적인 행정 계통에 의해 진행되고 있는 것을 "이 운동은 강력한 전국조직 형태로 전개되고 있으며, 정확히 우리나라(일본)가 전쟁 전과 전쟁 중의 위생조

---

5   역자주: 오오츠루 하마다라카(大鶴羽斑蚊: Anopheles lesteri)는 말라리아를 매개하는 모기이다. 발견자인 오오츠루 마사미츠의 이름을 따 명명한 것으로, 일본과 동아시아 일대에 분포한다.

6   역자주: 칼라 아자르는 일명 '흑혈병' 또는 '내장 리슈만편모충증'이라고 한다. 인도·중국·북아메리카 등지에 있는 지방병. 말라리아에 이은 전세계 두 번째의 치명적 병으로 매년 50만 명이 이 병으로 사망하고 있다.

합의 활동을 매우 강력히 했던 느낌으로, 상의하달의 행정 속에 있는 운동이라 할 수 있다"(『公衆衛生』第22卷第11号)라 하였다.

송온신

1958년 10월, 마오쩌둥毛澤東은 '송온신送瘟神(염병신을 보내며)'을 발표한다. 이것은 장시성江西省 위장현余江縣에서의 일본주혈흡충증 극복을 찬양한 시이다.

제1수

緑水青山枉自多

華佗無奈小蟲何

千村薛蘝人遺矢

萬戸蕭疏鬼唱歌

坐地日行八萬里

巡天遙看一千河

牛郎欲問瘟神事

一樣悲歡逐逝波

푸른 물 푸른 산 많기도 하지만

華佗도 작은 벌레 어찌할 바 모르네

온갖 마을들에 풀만 무성하고 사람들은 떠나가니

집들마다 쓸쓸하니 귀신이 노래를 부른다

땅에서는 하루에 8만 리를 걸으며

하늘을 여행하며 천 개의 강(은하수)을 본다

牛郎(견우)이 瘟神의 일을 물어보려 하자

모든 슬픔과 기쁨이 마침내 흘러가버렸다

제2수

春風楊柳萬千条

六億神州盡舜堯

紅雨随心翻作浪

青山着意化為橋

天連五嶺銀鋤落

地動三河鉄臂揺

借問瘟君欲何往

紙船明燭照天燒

봄바람이 수많은 버들가지에 불어오니

6억의 인민들이 모두 요순처럼 되려나

붉은 비도 마음대로 뒤집어 파도를 만들고

푸른 산은 의지에 따라 다리로 만들려 하네

하늘과 연결된 다섯 산들은 은빛 호미에 떨이지고

땅을 움직이는 세 하천도 강철 같은 어께에 흔들리누나

묻노니 감염병이여 그대는 어디로 가려고 하는가

종이배를 들고 밝은 촛불로 하늘로 향해 태운다네

(武田泰淳·竹内実『毛沢東その詩と人生』)

중국의학사상의 명의이자 조조의 전담의였던 화타華佗조차 치료할 방법이 없었던 작은 벌레를 원인으로 하는 질환인 일본주혈흡충증도 6억 신주神州[7]의 중국 인민들이 모두 치수에 통달한 전설의 제왕인 순舜과 요堯처럼 대지를 움직여 이를 극복할 수 있었다고 하는 이 시는 대중동원의 성과를 선전한 것이었다. '송온신'에 있는 대중동원을 통한 일본주혈흡충증 대책의 칭찬은 당시의 급속한 사회주의화 노선을 배경으로 하고 있다.

그리고 장강 하류 지역 등에서는 일본주혈흡충증은 상당한 정도로 억제되고 있었다. 이후 인민공사에는 전문적으로 온코메라니아 대책을 실시하는 인원이 배치되었고, 후에 『고목봉춘枯木逢春』(1964년)과 『송온신送瘟神』(1966년) 등의 영화도 제작되면서 대중동원에 의한 도랑 물길의 정비와 약물 살포가 실시되었다.

문화대혁명 중인 1970~71년에도 집중적인 온코메라니아 대책이 추진되었다(「第2次滅螺」高潮). 이리하여 1975년 장쑤성은 온코메라니아 근절에 성공했고, 이듬해 장쑤성은 일본주혈흡충증 근절 선언을 하기에 이르렀다.

---

7   역자주: 6억은 당시 중국의 인구숫자이며, 神州는 고대 이래 중국을 지칭하는 개념이다.

그림 3-5 | 콜레라, 말라리아, 일본주혈흡충증 대책으로 동원된 사람들

식민지의 학지 - 계승과 단절

중국의 일본주혈흡충증 대책은 장쑤성 등에서는 성공을 거두었다. 그러나 창장 중류 지역과 쓰촨성 윈난성 등에서는 억제되지 않아 현재도 큰 문제가 되고 있다.

동팅후洞庭湖의 물이 불어 연안 일대가 침수되어 온코메라니아 서식 환경이 좋아진 점이 지적되었고, 1988년 창장대홍수로 인해 일본주혈흡충증이 급속히 확대된 것도 있다. 현재 문제가 되고있는 것은 산샤三峽댐 건설로 인해 일본주혈흡충증의 유행지역이 확대될 위험성이 있다는 점이다.

중국의 일본주혈흡충증 대책은 대중동원에 의한 '토매법'과 약물 살포를 통한 온코메라니아 대책을 중심으로 전개되었다. 고미야 미션에 참가한 야스라오카 카즈오安羅岡一男는 중국의 일본주혈흡충증 대

책은 공산당 중앙위원회의 9인소조 이하, 각 성의 7인소조, 현의 5인소조, 구·향의 3인소조에서 말단 대중조직으로 이어지는 조직적인 것이라 하였다. 더구나 삽을 이용한 인해전술, 새 도랑을 파고 옛 도랑을 메우는 전투 방법은 토지 사유제가 없는 중국 특유의 전술로 중간 숙주인 온코메라니아를 봉쇄하는 데 매우 효과적이었다고 하였다. 하지만 1955년이래 독성이 강한 약재를 고농도로 사용했기 때문에 환경오염이 상당했다.

중국 공산당은 건국 후 적극적으로 위생사업을 정비했다. 그 중에서 대책이 필요한 첫번째 감염병으로 열거된 것이 일본주혈흡충증이다. 그 배경은 한국전쟁이 계기가 된 국제환경의 변화와 농업집단화로 상징되는 급속한 사회주의화이다. 그리고 농업 집단화에 따라 철저한 대중 동원에 의한 온코메라니아 대책이 추진되어 장쑤성 등에서의 일본주혈흡충증 유행은 거의 억제되었다.

칭푸현青浦縣 런툰촌任屯村에는 일본주혈흡충증 근절을 기념하는 「혈방전관血防展館」(현재의 혈방진열관血防陳列館)이 건립되었다. 현재 이 기념관은 ① 대책 이전의 상황 ② 대책의 추이 ③ 연구의 진전 ④ 감시체제의 기본방향 ⑤ 미래 전망 등 5개의 전시홀로 구성되어 있다. 거기에는 일본주혈흡충증이 창궐한 시기부터 그것이 애국위생운동과 중국 공산당의 대중동원을 포함한 다양한 대책을 통해 극복된 스토리가 전시되어 있다.

그러나 일본주혈흡충증 연구를 둘러싼 일본 기생충학의 전개나 고미야 미션에 대한 언급은 보이지 않는다. 고미야 요시타카가 1956년에 중국 공산당 정부에 제언한 대책이 그대로 실시된 것은 아니지만,

근대 일본의 식민지의학, 특히 기생충학의 학문이 중국 사회주의화 하에서의 감염증 대책에도 관계되었다는 것은 말할 필요도 없다. 이것은 단순한 망각일까.

　이것은 사실 중국만의 문제가 아니다. 일제 패전 후, 대만에서 말라리아 연구를 진행한 모리시타 카오루森下薫는 오사카대학 미생물병 연구소에서, 상하이에서 일본주혈흡충증 연구를 진행한 고미야 요시타카小宮義孝도 마에바시前橋의과대학에서 국립예방위생연구소에 자리를 얻었다. 그리고 그들의 세대를 계승하는 형태로 전쟁 중 육해군에 동원된 세대인 삿사 마나부佐々学, 오오츠루 마사미츠大鶴正満, 요코가와 무네오横川宗雄 등이 전후 일본의 감염병과 기생충 연구를 이끌었다.

　그런 의미에서 전후 일본은 근대 일본의 식민지의학을 거의 계승했다. 그러나 전후 감염병이나 기생충 연구의 기초에 식민지의학이 있었던 사실은 봉인되어 있다. 그리고 중국도 일본주혈흡충증 대책에 일본 식민지의학이 관련되어 있었다는 사실을 봉인하였다.

마지막 장

중국 사회와 감염병

감염병의 역습

질병 구조, 즉 사람은 어떤 질병에 많이 걸리는 것일까. 이는 대략 급성감염증⇨만성감염증⇨생활습관병이라는 세 단계를 거쳤다. 19세기 중반 이후 세균학이나 동물학 연구의 비약적 진행과 함께 예방의학이 확립되었고, 인류는 몇 가지 감염증을 억제하는 데 성공했다. 또한 수도로 상징되는 위생 인프라의 정비와 영양 조건의 개선 등도 질병 구조의 추이와 깊이 관련되어 있다. 이리하여 현재 우리는 생활습관병 억제에도 많은 관심을 기울이고 있다.

하지만 질병 구조가 변한 것은 19세기 이후이며, 각 지역의 상황도 동일한 것은 아니다. 또한 현재도 영양불량과 감염병이 여전히 사망 원인 상위를 차지하고 있는 지역도 적지 않다. 질병은 역사를 나타내는 지표이자 현대 세계를 나타내는 지표이기도 하다.

20세기 후반 다양한 백신이 개발되면서 인류는 조만간 감염병을 극복할 수 있을 것이라는 낙관적인 전망이 확산되었다. 빛나는 금자탑은 천연두 억제이다. WHO는 1967년 천연두 근절 계획을 시작했으며, 77년에는 소말리아에서 발견된 환자를 마지막으로 천연두 발견 보고는 사라졌다. 그리고 1980년 드디어 천연두 종식 선언을 발표했다. 하지만 천연두만 종식이 가능하였고, 일단 억제에 성공한 감염병의 부활(재홍 감염병)과 새로운 감염병의 출현(신홍 감염병)이 21세기 세계의 큰 과제가 되고 있다.

현재 H1V로 인해 아프리카의 어떤 지역의 인구는 감소하고 있다. 2003년에는 중국 남부에 발생한 사스가 홍콩에서 유행을 계기로 단기간에 하노이 싱가포르 토론토 베이징 등으로 확산되면서 대만에서의 유행도 심각해졌다. 이러한 신흥 감염병의 등장이나 일단 억제되었던 감염병 재홍의 위험성은 20세기 말부터 널리 지적되고 있었다. 요시카와 마사노스케吉川昌之介는 이를 '세균의 역습'이라 불렀고, 의학사가인 사카이 시즈酒井シズ는 '역병의 시대'라 불렀다.

감염병을 둘러싼 문제들은 사스에 의해 널리 알려진 바가 있다. 그리고 감염병은 극복되기는 커녕 오히려 가시화되고 있다. 이는 2009년 신종 인플루엔자를 둘러싼 상황을 봐도 분명해진다.

인류사와의 관련

분자생물학, 특히 옛 DNA 배열 연구를 통해 세계 각지에서 다양한 생활을 영위하는 인류의 기원은 아프리카이며, 우리 모두는 아프리카 대륙에서 세계 각지로 퍼진 사람들의 후손임을 알게 되었다. 이러한 생각은 인류의 '단일 기원설'이라 불린다. 그에 따라 세계 도처에서 생활하며 70억 명을 헤아릴 정도로 발전한 인류는 공통의 조상을 가진 공동체이며, 불과 20만 년 정도의 역사를 지니고 있는 셈이다. 그리고 이 짧은 인류의 역사를 돌아볼 때 감염병이 해 왔던 역할 충격은 매우 컸다.

감염병은 병원성 미생물의 생활 주기와 사람의 생활 주기가 직접 혹은 또는 숙주를 매개로 교차할 때 발생한다.

감염병의 유행은 첫째, 인류의 적극적인 활동(전형적인 것은 농업을 위한 삼림개발)에 의해 발생한다. 병원성 미생물의 생활 주기에 대한 개입이 높아진 경우, 둘째, 상품 유통 활성화 및 도시화에 따른 인구 집중으로 병원성 미생물의 활동이 활발해져 어떤 계기로 감염폭발이 발생한 경우이며, 특별한 사회적 경제적 문제이다.

인류사에 대한 감염병의 충격을 명확히 지적한 것은 윌리엄 H 맥닐(William H. McNeill)의 『역병과 세계사』이다. 맥닐은 감염병 유행이 인구 동태에 끼친 경우만 아니라 국가와 사회의 제도, 그리고 사람들의 의식에 미치는 영향을 문제로 삼았다.

감염병의 유행은 항상 글로벌한 문제였다. 크로스비(Alfred W. Crosby)에 의해 밝혀졌듯이 16세기 이후 스페인 등에 의한 남아메리카의 식민지화에 결정적인 역할을 한 것은 천연두이다. 남아메리카에는 천연두가 없었기 때문에 스페인 사람들에 의해 퍼진 천연두가 남아메리카 원주민 인구를 격감시키고 식민지화를 용이하게 한 것이다.

감염병의 역사는 글로벌 히스토리로서의 가능성을 내포하고 있다. 특히, 콜럼버스 이래 대항해시대 인간과 상품유통의 확대로 병원성 미생물의 교류가 활발해짐에 따라 감염병 유행이 더욱 글로벌한 양상을 띠게 되었다. 이것은 '콜럼버스의 교환(Columbian Exchange)'이라 한다. 또한 라뒤리(Emmanuel Le Roy Ladurie)는 이것을 '세균에 의한 세계의 통일'이라고 하는 지극히 인상적인 표현으로 설명하고 있다.

인구에 대한 충격

그럼 중국 사회에서는 주로 어떤 감염병이 많았던 것일까. 중국에서도 오래전부터 다양한 감염병이 발생하고 있었던 것은 틀림없다. 유라시아 대륙에서 고대부터 전개된 동서 교류로 인해 중국 역사상의 감염병은 '콜럼버스의 교환' 이전부터 글로벌 히스토리의 한 부분을 이루고 있다.

중국의학은 현대에는 서양의학에 대한 대안적 메디신(대체의학)으로, 소프트한 치료 체계로 의식되는 경우만, 실제로는 많은 감염병 치료를 시도하면서 체계화된 것이다.

중국 사회가 축적해 온 정사와 지방지 등 역사책은 오랜 기간 '역(疫)'을 기록해 왔다. 그런 의미에서 중국사는 감염병 발생의 연속이었다.

감염병 발생의 메커니즘은 결코 단순하지 않다. 원인이 되는 병원성 미생물과 사람의 생활 주기의 교류가 발생 가능성을 높였다. 또한 전쟁, 수해, 기근은 종종 감염병 유행의 요인이 되기도 했다.

중국 인구는 증가 시기와 감소 시기를 반복하는데, 한말 당말 송말 명말이라는 왕조교체 시기에 상당한 규모의 인구 감소가 일어났다. 왕조 말기는 전쟁과 천재가 겹치며 발생한 기근이 왕조교체를 촉진했다.

많은 연구는 인구 감소 요인으로 전쟁과 특히 기근을 거론한다. 하지만 전쟁에서의 직접적인 전투로 인한 사망보다 질병으로 사망하는 병사가 많았다는 점, 그리고 영양 상태의 악화가 다양한 감염병을 유행시켰을 가능성을 고려해야 한다.

감염병의 역사는 보다 다각적인 시각이 요구된다. 그 중 하나는 기후 변화이며, 온난화와 한랭화 주기는 식생 및 감염병 발생 조건에 영향을 끼친다. 또한 중요한 것으로, 사람만이 감염병에 걸리는 것이 아니라는 점이다. 동물이나 식물이 걸리는 질병도 무시할 수 없는 문제이다. 농작물에 질병이 퍼지면 영양 조건을 악화시켜 식용 또는 경작용 동물이 대량으로 사망할 수 있기 때문이다.

유행의 규모

그럼 중국에서는 어떤 감염병이 어느 정도 규모로 유행했던 것일까. 본서에서 밝혀 왔듯이, 페스트의 유행은 '정치화'되면서 다양한 영향을 중국 사회에 끼쳤다. 하지만 인구 동태에 끼친 영향은 적었는데, 중국의 인구 규모가 충격을 삼켜 버렸다고 생각된다.

한편 인구 동태에 영향을 끼친 감염병으로 천연두와 콜레라를 들 수 있다. 중국에서는 제너에 의한 종두(우두)가 시도되기 이전부터 발진 창두를 사용한 우두가 시행되었다. 이는 상당히 위험한 방법으로 오히려 천연두를 확산시켰을 가능성도 있다. 그러나 20세기 초 종두가 점차 보급되자 중국에서도 천연두는 점차 억제되었다.

제1차대전 후 인플루엔자(스페인 독감)가 전 세계에서 맹위를 떨쳐 2천5백만 명에 이르는 사망자가 발생한 것은 잘 알려져 있다. 중국에서도 인플루엔자 유행이 확인되지만, 그 실상은 잘 알려져 있지 않다. 세계 각지의 인플루엔자 유행 상황과의 비교를 통해 중국에서도 천만 명 정도의 사망자가 발생한 것으로 추정되기도 한다. 그러나 중국 해관 등의 자료를 감안할 때 그것은 과장된 숫자이며, 중국에서의 사망자는 백만 명 정도에 그치지 않았나 생각된다.

하지만 최근에는 제1차 세계대전 이후 인플루엔자로 인한 사망자 수가 더 많았다는 견해도 제시되고 있는데, 이 점은 좀더 검토가 필요해 보인다.

20세기에 들어서면서 도시화와 공업화의 진전에 따라 결핵도 중요한 원인이 되었다고 생각된다. 그러나 중국의 결핵은 아직 그 실체가 잘 밝혀지지 않고 있으며, 여전히 연구사 공백으로 남아있다.

감염병은 인간이 환경에 어떻게 작용해 왔는지, 또 그 환경으로부터 어떤 영향을 받았는지를 알 수 있는 중요한 지표이다. 중국에서도 질병 구조는 감염병에서 생활습관병으로 변화하는 과정을 걸었고, 그 변화는 20세기에 급격히 진행되었다.

국가의료

감염병의 유행에 대해 중국에서도 여러가지 대응을 해왔다. 피난과 기도도 그 중의 하나이며, 경험적인 격리가 이루어진 경우도 있었다. 또한 사람들의 질병에 대처하는 방법도 다양한데, 휴양이나 음식 섭취 방법(양생), 신체 단련 등과 같이 이 방면에서의 중국 사회의 축적은 거대하다. 어느 사회든 질병에 대한 대응은 신체관을 반영한 문화의 구현이라 할 수 있다. 서구 국가에서는 콜레라의 유행을 계기로 위생사업의 제도화가 진전되었고, 이에 따른 사회제도의 변화가 사람들의 생활에 큰 영향을 끼쳤다.

국가에 의한 의료 위생의 제도화는 교육과 더불어 근대 국가의 '통치의 기법'으로서의 중요한 의미를 지닌다. 위생사업 측면에서는 19세기 중반 이후의 대응은 이전까지의 대응과는 크게 다른 양상을 보인다. 세균학의 발달과 병원성 미생물의 잇단 발견으로 그동안 주류였던 장기瘴氣(미아즈마)설을 대신해 세균학설이 확립되면서, 병원성 미생물 자체를 공격하고, 중간 숙주의 번식을 막기 위한 다양한 위생 인프라를 정비하는 적극적인 대책이 취해졌다.

19세기 이후, 구미 제국이나 일본은 공업화나 도시화의 진전 속에서 의료·위생 사업에 대한 국가의 관여가 진행되면서 사람들의 생활양식이나 사회제도가 크게 변화했다. 정부에 의한 의료·위생 사업의 제도화이다.

특히 위생사업의 확립은 개인의 신체와 관련된 영역이었기 때문에 사회 조직화, 신체 규율화 등의 통치기구 재편의 계기가 되었다.

또한 위생사업의 제도화는 서구 국가들이 아시아·아프리카 지역에 진출했을 시기에 진행되면서 식민주의의 전개에 큰 영향을 끼치게 되었다. 서구 국가들이 열대지역에 진출했을 때 가장 먼저 직면한 것은 기후·풍토 문제와 여러 감염병의 유행이었다. 19세기 이후 서구 국가들이 진출한 열대지역의 대표적인 감염병은 말라리아로, 식민주의도 열대의학의 발달과 말라리아 대책인 키니네(해열제, 학질 특효약)의 보급이 이루어졌기에 가능했다.

게다가 식민주의의 전개 속에서 의료·위생 사업의 제도화는 식민지 지역에도 강제되면서 식민지 사회에 큰 영향을 끼치게 되었다.

중국 사회도 구미나 일본이 위생사업을 통해서 제기한 '근대성'에 직면하는 가운데 기존 질서 재편을 지향하며 위생사업의 제도화를 진행시켰다. 이러한 문제는 종래에는 근대화와 같은 뜻으로 이해되는 경우가 많았지만, 그렇게 단순하지는 않다.

20세기 초 중국에서의 위생사업은 크게 두 가지 흐름이 교차한다. 하나는 페스트의 유행 속에서 외세에 의해 위생사업의 제도화가 전개되는 가운데 중국도 이를 도입하려고 했다는 것이다. 다른 하나는 민간 사회가 담당해 온 위생사업을 청나라 정부가 행정에 편입시켰기 때문에 위생사업의 제도화는 통치기구의 재편과 함께 이루어질 수밖에 없었다는 점이다.

20세기 초 위생사업을 둘러싼 두 흐름은 외세의 중국 진출과 그 과정에서 나타난 '근대성'에 대한 중국 사회의 대응 방식을 보여준다.

근대성의 연쇄

일본의 경우 공중 위생행정의 특징은 경찰이 큰 역할을 담당했다는 점이다. 위생의 제도화는 경찰에 의한 민간 사회나 개인 생활에의 개입을 특징으로 한다.

대만에서의 경험을 기초로 축적된 근대 일본의 식민지 의학·제국 의료는 영국령 인도 등에 비해 현지 사회에 적극 개입하였다. 이후 관동주와 조선, 그리고 만주국과 중국, 동남아 등지의 점령 행정에서도 중요한 역할을 하게 된다. 식민지 의학·제국 의료는 통치 도구로서의 역할을 담당하면서 의료·위생 사업을 통해 현지 사회로 통치 권력 침투가 이루어졌다.

그래서 20세기 전반 중국 의료·위생 사업 제도화의 모델이 일본이었다는 점은 강조해도 좋을 것 같다.

20세기 초반 중국(청조정부 및 중화민국정부)은 일본의 공중 위생제도를 모델로 위생사업을 제도화했다. 19세기 말까지 중국 사회는 전염병 대책을 선당善堂 등 민간단체의 선행에 맡겨놓았다. 그러나 20세기 초 페스트 유행 속에서 청조 정부는 점령 행정의 과정에서 전개되었던 위생사업을 계승하면서 근대 국가적인 모습을 지향하였다. 그것을 뒷받침하는 주민 조직의 개편도 추진되었다. 이렇게 위생=문명이라는 논리가 널리 이해되면서 국가 건설과 긴밀하게 결합되어 '위생구국' '애국위생' 등의 슬로건도 외쳐지게 되었다.

본서에서는 감염병을 둘러싼 중일관계 속에서 잊혀질 수 없는 문제인 페스트를 이용한 세균전(731부대 등)에는 굳이 언급하지 않았다. 그것은 이미 많은 연구들이 이 문제를 상세히 논하고 있기 때문이다. 하지만 본서가 제기한 문제와 관련하여 세균전 연구의 배경이 되는 페스트의 유행이 만주를 중심으로 일어나고 있었던 것, 동시에 일본을 적으로 삼았던 중화민국 정부는 일본의 공중 위생행정을 모델로 하여 위생사업의 제도화를 도모하고 있었던 것이 명확하게 기억되어야 할 것이다.

20세기 전반기 일본의 식민지가 되어 식민지 의학이 축적되고 제국의료가 실천된 대만 등에서는 그동안 유행하던 페스트 콜레라 천연두 등의 감염병이 억제되었다. 이런 상황은 본서에서는 별로 언급하지 않았지만, 조선에서도 거의 비슷했다.

이 때문에 감염병 대책은 종종 식민지 통치의 '선정'으로 논의되기도 한다. 하지만 감염병 전반이 억제된 것은 결코 아니었다. 이질 디프테리아 및 결핵 등의 감염병은 오히려 증가하는 추세였다. 그것은 식민지 통치하에서 진행된 개발 정책으로 인한 산업화와 도시화의 결과이기도 했다.

식민지 등에서의 의료·위생 사업이 플러스였는가 마이너스였는가 하는 이분법적인 이해는 '근대성'의 역사적 성격을 의식하지 않고, 의료·위생을 무의식적으로 복리적인 것으로 간주하는 것에서 출발하고 있다. 이것은 현재의 개발원조에서도 종종 '좋은 통치'로 표현되는 문제이기도 하다.

중국에서의 위생의 제도화는 통치기구의 재편, 즉 개인 신체의 규율화와 구미 및 일본의 제국주의 진출에 대항하는 의미에서의 위생사업의 정비가 교차하는 것이 특징이었다. 이 결과 위생사업의 제도화는 서양의학이나 공중위생사업의 도입을 통한 기술이전에 그치지 않는 사회제도의 근간과 관련된 문제, 즉 신체를 둘러싼 국가와 개인의 관계를 어떻게 할 것인가라는 문제를 중국 사회에 제기한 것이다.

감염병이 중국과 동아시아 역사에 미친 영향은 결코 작지 않다. 그것은 개별 감염병의 특징에 따라 달라진다. 하지만 감염병 대책을 둘러싼 근대성의 구조라는 점에서는 공통성을 지닌다. 그리고 그것은 현재까지도 해결되지 않은 다양한 문제를 내포하고 있다.

이 책이 밝힌 몇 가지 사실은 그러한 현대 사회가 직면한 감염병을 둘러싼 문제들을 해결해 나가기 위한 역사적 경험이기도 하다.

주요 참고문헌

〈일본어〉

青山胤通 (1894)『香港百志土略報』東京大学総合図書館森鷗外文庫

飯島渉 (2000)『ペストと近代中国-衛生の「制度化」と社会変容』研文出版

飯島渉 (2003)「SARSという衝撃-感染症と中国社会」『現代思想』第31巻第9号

飯島渉 (2005)『マラリアと帝国-植民地医学と東アジアの広域秩序』東京大学出版会

飯島渉 (2006)「病の中国史」『歴史と地理』第596号

飯島渉 (2006)「宮入貝の物語-日本住血吸虫病と近代日本の植民地医学」田中耕司(編)「実
　　　学としての科学技術』(岩波講座『「帝国」日本の学知』第7巻) 岩波書店

飯島渉 (2009)「衛生の制度化と近代性の連鎖」飯島渉・久保亭・村田雄二郎(編)『シリーズ
　　　20世紀中国史2近代性の構造』東京大学出版会

石井明・竹内勤 (1999)「マラリア学100年会議」「医学のあゆみ』第188巻 第8号

石黒忠悳 (1895/1896)「台湾ヲ巡視シ戍兵ノ衛生ニ付キ意見」東京大学総合図書館森鷗外文庫

大鶴正満 (1958)「中共の地区組織活動-カ・ハエ撲滅運動からみる-」『公衆衛生』第22巻 第
　　　11号

大鶴正満 (1989)『こし方の記-ある基礎医学者の覚え書-』大鶴正満教授退官記念会, 琉球
　　　大学医学部 寄生虫学教室

岡崎祇照 (1900)「牛荘防疫紀行』養正堂

小田滋 (2002)『堀内・小田家三代百年の台湾-台湾の医事・衛生を軸として-」日本図書刊行会

落合泰蔵 (1887)『明治七年征蛮医誌』東京大学総合図書館森鷗外文庫

春日忠善 (1977)「日本のペスト流行史-根絶への道-」「科学」第47巻第11号

神奈川県警察部 (1910)「神奈川県「ペスト」流行史』同所

神奈川県警察部衛生課 (1915)『神奈川県大正二年 三年「ペスト」流行誌』同所

加納喜光 (1987)『中国医学の誕生』東京大学出版会

川越修・辻英史 (2008)『社会国家を生きる-20世紀ドイツにおける国家・共同性・個人-』法政大学出版局

関東都督府臨時防疫部 (1911)「明治四十三・四年南満洲「ペスト」流行誌」同所

岸本専治 (1940)『マラリア(学術映画梗概)』塩野義商店学術映画部

北里柴三郎 (1894)「「ペスト」病調査復命書」北里柴三郎論説集編集委員会(1987)『北里柴三郎論説集』北里研究所・北里大学

クリスティー、D. (矢内原忠雄訳) (1938/1982)『奉天三十年』(上)(下) 岩波書店

クロイツァー、ラルフ・C. (1994) (難波恒雄など訳)『近代中国の伝統医学』創元社

クロスビー、アルフレッド・W. (1998) (佐々木昭夫訳)『ヨーロッパ帝国主義の謎-エコロジーから見た10~20世紀-』岩波書店

顧雅文 (2005)「植民地期台湾における開発とマラリアの流行―作られた「悪循環」」『社会経済史学』第70巻 第5号

厚生省医務局 (編) (1976)『医制百年史』ぎょうせい

小林茂 (2003)『農耕・景観・災害-琉球列島の環境史-』第一書房

小林照幸 (1998)『死の貝』文藝春秋

小宮義孝 (1957)「中共の住血吸虫病防治対策に対する意見書」『日本医事新報』第1711号

小宮義孝博士遺稿・追憶編纂委員会(編) (1982)『小宮義孝《自然》遺稿・追憶』土筆社

酒井シズ (編著) (1999)『疫病の時代』大修館書店

佐々学 (1960)「風土病との闘い」岩波新書

佐藤武敏 (1993)『中国災害史年表』国書刊行会

ダイアモンド 、J. (倉骨彰訳) (2000)『銃・病原菌・鉄』(上)(下) 草思社

胎中千鶴 (2008)『葬儀の植民地社会史 --」風響社

台湾総督府民政局衛生課 (1898)「明治廿九年台湾「ペスト」病流行記事』同所

武田泰淳・竹内実 (1965)『毛沢東 その詩と人生』文藝春秋新社

チポラ、カルロ・M. (1988)(日野秀逸訳)『ペストと都市国家-ルネッサンスの公衆衛生

と医師-』平凡社

朝鮮総督府 (1920)『大正八年虎列刺病防疫誌』同所

青島守備軍疫病予防委員本部(出版年など不明)『大正八年青島守備軍『虎列刺』予防記事』

デソウィッツ・、ロバート・S. (栗原豪彦訳) (1996)『マラリアVS人間』晶文社

橋本雅一 (1991)『世界史の中のマラリア』藤原書店

羽鳥重郎 (1964)『眼鰐自叙回想録』国書刊行会

稗田憲太郎 (1971)『医学思想の貧困 - 一病理学者の苦斗 -』社会思想社

富士川游 (1912/1969)『日本疾病史』1912年初版：吐鳳堂書店、1969年：平凡社, 東洋文庫133

堀内次證・羽鳥重郎 (1943)「領有前後に於ける台湾の医事衛生事情」『日魏医学』特輯第5
　　号, 日独医学協会

マクニール、ウィリアム・H. (佐々木昭夫訳)(1985)『疫病と世界史』新潮社

松田肇・桐木雅史 (2004)「住血吸虫症の歴史と現状」『医学のあゆみ』第208巻 第2号

見市雅俊 (1994)『コレラの世界史』晶文社

見市雅俊ほか(編著) (1990)『青い恐怖 白い街 - コレラ流行と近代ヨーロッパ-』平凡社

見市雅俊ほか(編著) (2001)『疾病・開発・帝国医療 -アジアにおける病気と医療の歴史学』
　　東京大学出版会

宮入慶之助記念誌編纂委員会(編) (2005)『住血吸虫症と宮入慶之助 - ミヤイリガイ発見か
　　ら九〇年 -』九州大学出版会

村上陽一郎 (1983)『ペスト大流行 -ヨーロアパ中世の崩壊- 』岩波新書

森下薫 (1967)『マラリアの疫学と予防 -台湾に於ける日本統治時代の記録と研究- 』菊屋
　　書房

安羅岡一男 (1995)「中国における日本住血吸虫症対策」『医学のあゆみ』第175五巻 第7号

山梨地方病挨滅協会(編) (1977)『地方病とのたたかい』同所

山本俊一 (1982)『日本コレラ史』東京大学出版会

吉川昌之介 (1995)『細菌の逆襲 -ヒトと細菌の生存競争』中公新書

ル・ロワ・ラデュリ、E. (1980) (樺山紘一ほか訳)「新しい歴史 -歴史人類学への道』新評論

脇村孝平 (2002)『飢饉・疫病・植民地統治 - 開発の中の英領インド』名古屋大学出版会

〈중국어〉

胡定安 (1928)『中國衛生行政設施計畫』上海：商務印書館

吳兌 (1907)『衛生新論』上海：中國圖書公司

伍連德 (1936)「中國鼠疫病史」『中華醫學雜志』第22卷 第11期

周瓊 (2007)『清代雲南瘴氣與生態變遷研究』北京：中國社會科學出版社

冼維遜 (1988)『鼠疫流行史』廣州：廣東省衛生防疫站

曹樹基·李玉尚 (2006)『鼠疫：戰爭與和平 - 中國的環境與社會変変遷(1230~1960)』濟南 山東
    畫報出版社

張劍光 (1998)『三千年疫情』南昌：江西高校出版社

張禮綱 (1936)「我國霍亂流行史略」『醫事公論』第3卷 第17號

陳海峰編著 (1993)『中國衛生保健史』上海：上海科學技術出版社

陳高傭 (1939/1986)『中國歷代天災人禍(分類統計)表』上海：國立暨南大學叢書之一, 上海書店
    影印

陳勝崑 (1992)『中國疾病史』台北：橘井文化事業股份有限公司

陳明光(主編) (1996)『中國衛生法規史料選編(1912~1949·9)』上海：上海醫科大學出版社

奉天全省防疫總局 (1911)『東三省疫事報告書』奉天：奉天圖書館印刷所

余新忠 (2003)『清代江南的溫疫與社會--一項醫療社會史的研究』北京：中國人民大學出版社
梁其姿 (1997)『施善與教化-明清的慈善組織-』台北：聯經出版社

〈영어〉

Arnold, D. (1993) *Colonizing the Body: State Medicine and Epidemic Disease in
    Nineteenth-Century India,* Berkeley: University of California Press.

Benedict, C. (1996) *Bubonic Plague in Nineteenth-Century China,* Stanford: Stanford UP.

Crosby, A. W. (1972) *The Columbian Exchange: Biological and Cultural Consequences of
    1492,* Conn.: Greenwood Pub. Co.

Curtin, P. D. (1989) *Death by Migration: Europe's encounter with the tropical world, tn the nineteenth century,* Cambridge: Cambridge UP.

DikÖtter, F. (1995) *Sex, Culture and Modernity in China : Medical Science and the Construction of Sexual Identities in the Early Republican Period,* London: Hurst & Company.

Elvin. M. and Liu, Ts'ui-jung (eds.) (1998) *Sediments of time: environmental and society in Chinese History,* Cambridge: Cambridge UP.

Harrison, M. (1994) *Public Health in British India: Anglo-Indian preventive medicine 1859-1914,* Cambridge: Cambridge UP.

Haynes, D. M. (2001) *Imperial Medicine: Patrick Manson and the conquest of tropical disease,* Philadelphia: University of Pennsylvania Press.

Honig, E. (1992) *Creating Chinese Ethnicity: Subei People in Shanghai, 1850-1980,* New Haven: Yale UP.

Ho, Ping-ti(1959), *Studies on the Population of China 1368-1953,* Cambridge: Harvard UP.

Iijima, W. (2003) *Spanish Influenza in China 1918-20* in D. Killingray and H. Phillips (eds), *The Spanish Influenza Pandemic of 1918-19,* London: Routlegde.

Kiple,K. F. (eds.) (1993) *The Cambridge World History of Human Disease,* Cambridge: Cambridge UP.

MaCpherson, K. L. (1987) *A Wilderness of Marshes: The Origins of Public Health in Shanghai, 1843-1893,* Hong Kong: Oxford UP.

Manderson, L. (1996) *Sickness and the State: Health and Iilness in Colonial Malaya, 1870-1940,* Cambridge: Cambridge UP.

Mohr, J. C. (2005) *Plague and Fire: Battling Black Death and the 1900 Burning of Honolulu's China-town,* New York: Oxford UP.

Nathan, C. F. (1967) *Plague Prevention and Politics in Manchuria, 1910-1931,* Cambridge: Harvard UP.

Pollitzer, R. (1954) *Plague, Geneva:* WHO.

Report of the International plague conference held at Mukden, April, 1911, Manila: Bureau of Printing, 1912.

Rogaski, R. (2004) *Hygienic Modernity: Meanings of Public Health in Treaty-Port China,*

Berkley: University of California Press.

Shapiro, J. (2001) *Mao's War against Nature: Politics and the Environment in Revolutionary China,* Cambridge: Cambridge UP.

Sinn, E. (1989) *Power and Charity: The Early History of the Tung Wah Hospital Hong Kong,* New York: Oxford UP.

Wu, Lien-teh (1959) *Plague Fighter: The Autobiography of a Modern Chinese Physician,* Cambridge: W. Heffer & Sons LTD.

Yip, Ka-che (1995) *Health and National Reconstruction in Nationalist China, the Development of Modern Health Services, 1928-1937,* Ann Arbor: the Association for Asian Studies, The University of Michigan.

페스트를 시작으로 말라리아, 그리고 일본주혈흡충증 등 그때마다 관심을 가졌던 감염병은 다르지만, 내가 일반적인 역사학, 특히 중국사 연구의 과제와는 거리가 먼 주제를 좇은 지는 꽤 오래되었다. 처음부터 감염병의 역사가 지닌 다양한 의미를 깨닫고 있었던 것은 아니다. 하지만 첫 번째 연구논문을 썼던 20년 전에 비하면 감염병을 둘러싼 문제는 오히려 더 많이 알려졌다. 이는 감염병을 둘러싼 문제가 심각성을 더하고 있다는 것이기도 하다.

그동안 의학이나 위생학, 동물학 등의 여러 분야 분들을 사귀면서 의대 연구실이나 도서관에 많은 신세를 졌다. 특히 나가사키 대학 열대의학연구소의 여러분들은 귀중한 자료의 열람을 시작으로 여러 가지 형태로 응원해주셨다. 본 서에서 소개한 영화 『말라리아』도 같은 곳에 소장된 것이다. 이 자리를 빌려 신세진 분들께 감사의 말씀을 드린다.

이러한 분들은 대부분 현재 개발도상국의 의료나 보건을 대상으로 하는 국제 보건의 제일선에서 활약하고 있으며, 나는 실로 많은 것을 배웠다.

국제보건이 직면하고 있는 과제 중 하나는 본서에서도 언급했듯이, 신흥 감염병이나 재유행 감염병 속에서 개발도상국의 의료나 보건을 어떻게 개선할 것인가 하는 문제이다. 그곳에서는 백신 개발을 위해

DNA 수준에서의 분자 생물학적인 연구가 진행되고 있다. 한편 지역에 밀착한 의료나 보건을 둘러싼 다양한 정보도 요구되고 있다.

이것은 의학적인 연구의 대상인 동시에 인류학이나 사회학, 그리고 역사학의 과제라 할 수 있다. 역사학이라고 해도 의학사가 아니라 한 지역의 질병 구조의 변천과 이를 뒷받침하는 사회적 조건의 변화를 대상으로 하는 의료사회사의 과제이다.

실제로 질병을 치료하고 의료와 보건 개선에 힘쓰고 있는 분들에게 필요한 것은 최근 몇 년간의 데이터이며, 내가 다루고 있는 것과 같은 100년에 이르는 장기적인 시간 축 안에서의 사회 변화, 질병 구조의 변화와 이를 뒷받침하는 사회적 요인에 대한 분석은 너무 우원한 문제일 수 있다.

하지만 내가 만난 분들은 한결같이 현실 문제를 해결하기 위해서는 장기적인 시간 축으로 문제를 파악하는 것이 중요하다고 느끼는 것 같았다. 도대체 역사학은 사회적으로 어떤 의미를 갖는 것일까.

'지혜로운 자는 역사로부터 배운다'는 의미에서 아주 평범하게 역사학의 중요성을 주장하는 동시에 나는 감염병의 역사를 연구하면서 좀 더 현실과의 긴장 관계 속에서 역사학의 의미와 공헌을 고민하고 싶다는 생각을 강하게 갖게 되었다.

감염병 역사 자료를 저와 공유하고 있는 젊은 친구는 이론역학理論疫學이라는 안타깝게도 저로서는 거의 이해할 수 없는 수학 논문을 쓰고 있다. 하지만 그들의 논문에서 본서에서 소개한 1910년부터 11년의 만주의 페스트 유행 기록이 분석되고 있다. 그 자료는 내가 제공한 것들이다.

이론역학은 감염병의 전파 모델을 만드는 것인데, 대략 10건 정도의 데이터가 있으면 모델을 만드는 것이 가능한 것 같다. 그런 의미에서 계통이 상당히 알려져있는 만주나 베이징의 데이터는 충분한 의미를 갖고 있는 것 같다.

그런 관점에서 감염병의 역사 자료를 재검토해 보면 사실 방대한 자료군이 있다는 것을 알게 된다. 오키나와현 공문서관에는 야에야마 八重山 말라리아 유행과 그 억제에 관한 상세한 데이터가 남아 있다. 또, 일본 주혈흡충증의 유행과 억제에 관한 방대한 데이터가 중국의 공문서관에 남아 있다.

역사학은 지금까지 이러한 데이터를 역학이나 공중 보건 전문가에게 제공하는 것을 과제로 인식하지 못했다. 하지만 이것은 역사학 공헌의 하나라고 할 수 있다. 그리고 완전히 다른 영역 사이의 공동연구의 가능성이 있다.

자료적 기여와 동시에 감염병의 역사학은 현재의 감염병을 둘러싼 증후군에 대해서도 문제를 제기할 수 있다고 생각한다.

이 책을 준비하고 있었던 바로 그때 신종플루의 일본 유입을 막기 위해 공항을 비롯해 출입국에 엄격한 검역이 실시되었다. 그 유효성에 대해서는 다양한 논의가 있다. 여기서 옳고 그름을 논할 생각은 없다. 그렇게 하면 그것은 역사학의 대상을 넘어서는 것이 될 것이다.

하지만 검역이 어떻게 제도화되어 왔는지, 또 그 과정에서 어떤 문제가 발생했는지는 역사학의 과제라고 할 수 있다.

나는 이번 독감을 둘러싼 상황을 보면서 일본에게 인플루엔자 등 감염병이 항상 외부에서 온다는 의식을 일본 사회가 과도하게 갖고있는 것은 아닌가 하는 생각을 하지 않을 수 없었다.

　본서에서 논의한 바와 같이 공중위생은 감염병 억제 등 사람들의 건강에 큰 공헌을 했지만 동시에 국가나 정부와 개인을 연결하는 통로가 되었기 때문에 사적인 영역에 대한 개입의 이유가 되었고, 위생을 기준으로 하는 차별도 다양한 형태로 나타났다. 그리고 그것은 일본이라는 틀을 넘어 동아시아 나아가 더 글로벌한 영역에서도 문제가 되었다.

　감염병이 국가와 사회, 국제관계에 끼친 영향은 매우 컸다. 그리고 동아시아에서는 일본의 공중위생제도가 역사적으로 큰 의미를 가진다. 그 결과 중국이나 대만, 또한 한국에서도 위생을 둘러싼 국가, 정부와 개인의 관계가 어떤 의미에서 엄격한 긴장관계를 안고 있었을 수밖에 없었다.

　감염병의 유행과 억제를 둘러싼 역사에서 배워야 할 점이 있다면 감염병의 유행이 정치적 갈등을 야기시키는 경우가 있었다는 점, 인종적 편견이나 차별이 극히 평범하게 존재했음을 확인하는 데서 출발할 필요가 있다. 그리고 사람들은 정치적 대립을 극복하고 편견과 차별과 싸우면서 오늘날 사회의 기초를 다져왔다. 이러한 경험과 지혜도 역사학이 밝혀야 할 것이다.

　신종 감염병이나 재유행 감염병과의 공생이 필요한 오늘날 사회에서 감염병이 사회에 어떤 충격을 주었는지를 밝히고 그 의미를 묻는 것은 감염병 억제를 위해서도 의미가 있을 것이다.

　그것은 과거에 엄연히 존재했던 편견이나 차별, 정치적인 마찰, 국제적인 알력 등을 가능한 한 적게 해 나가기 위한 공통 인식을 만드는 것이기도 하다. 중국이나 동아시아의 감염병의 역사를 공중 보건과의 관계 속에서 논한 이 책이 그 일익을 담당할 수 있었으면 좋겠다.

이것은 나에게 첫 번째 책이다. 쓰다 보면서 내가 알았다고 생각하는 것도, 사실은 제대로 설명할 수 없는 어중간한 이해에 머물러 있는 경우가 얼마나 많은지 깨달았다.

학생 중 한 명으로부터 자신의 가족에게 지도교수가 어떤 연구를 하고 있는지 설명할 수 있는 책을 써 달라는 요청을 받은 적이 있다. 학술서뿐만 아니라, 이러한 기회를 통해 가급적 많은 분들에게 현재 연구의 일단을 소개하는 중요하다는 것을 재차 통감했다.

하지만 그것이 쉽지 않다는 것도 실감했다. 그래서 종종 던져버리고 싶은 때도 있었지만, 어떻게든 고삐를 잡아주며 출간을 맞이할 수 있었던 것은 편집의 노고를 해주신 시라토 나오토白戶直人씨 덕분이다. 감사합니다.

2009년 11월

이이지마 와타루飯島 涉

역자가 처음 이 책을 관심을 갖게 된 동기는 우선 『감염병의 중국사』라는 책의 제목이 눈에 띄었기 때문이다. 코로나19로 인한 감염병 대응이 전지구적 과제였을 때, 과거 사회의 감염병 영향과 대책 등에 대한 관심이 일순 화두가 되었다. 다만 주로 거론되었던 것은 유럽의 페스트 유행을 위시한 서양의 경험이었으며, 동아시아 감염병에 관련된 것은 드물었다. 중국사 전공자로서 아쉬움을 가지던 역자는 그런 와중에 이 책을 보고서는 중국 역사에서의 감염병 문제를 다룬 내용이라 생각하며 흥미를 갖게 되었다.

하지만 이 책의 내용을 보니, 제목과 달리 전체 중국사 시기의 감염병을 다룬 것이 아닌, 19세기 말 이후의 감염병 대응의 모습을 추적한 것이며, 특히 일본제국주의 식민의학의 일환으로 전개되었던 감염병 대책에 초점이 맞추어져 있는 것을 알게 되었다. 사실 전근대사 전공자인 역자로서는 근현대 시기의 감염병에 대한 책을 번역하는 것에 조금 망설이기도 하였다. 하지만 책을 읽는 와중에 이미 한세기 전에 동아시아에서의 감염병 대응의 모습이 현재의 그것과 상당부분 궤를 같이한다는 사실을 확인하였다. 또한 제국주의 침략과 지배하의 만주와 대만, 이후 중국 본토의 공중위생의 전개, 사회주의 중국의 체제 속에서 진행되었던 감염병 퇴치의 모습 등과 같은 흥미진진한 내용이 구체적이면서 사실적으로 서술된 내용에 큰 흥미를 느꼈다. 이에 보다 많은 사람들이 중국에서의 감염병 대응에 대한 과거의 경험을 알면 좋겠다는 생각을 갖게 되었고 그것이 본 책을 번역하게 된 이유이다.

우선 저자에 대해 간략하게 소개하면 이이지마 와타루(飯島 渉) 교수는 현재 일본 아오야마가쿠인대학青山学院大學 문학부 사학과에 재직 중이며, 재정사를 중심으로 근대 중국사 연구를 시작하였다. 이후 근대 중국의 전염병과 인구 변동 등에 대한 연구로 시작하여 현재 그의 연구 성과 중 다수가 근대 중국의 감염병, 의료사 관련 부분이다. 본서 출간 이후에도 감염병 관련 저서로는 『感染症と私たちの歴史・これから』(2018, 清水書院)과 『「中国史」が亡びるとき-地域史から医療史へ』(2020, 研文出版)이 있고, 이 외에도 화교사, 한일교류사 등의 성과가 눈에 띈다. 중국 근대 시기의 감염병 문제와 함께 대외적인 교류 문제도 함께 연구하고 있음을 보여준다.

본서의 내용은 읽으신 분들은 알겠지만, 19세기 말부터의 홍콩, 일본을 포함한 동아시아, 하와이 등지의 페스트 유행과 만주의 페스트 유행과 청조의 대책 등에 대한 고찰 추적에 대한 서술로 되어 있다. 또한 중국에서 감염병 대책과 공중위생의 정비에서 서양의학을 빨리 도입한 일본이 모델로 되었다는 점을 저자는 조명하고 있다. 이와 함께 콜레라, 말라리아, 일본주혈흡충증이라는 중국 근현대사에 큰 영향을 끼친 감염병과 그 대책 등이 시대적 배경과 활약한 인물들을 중심으로 상세하게 서술되고 있다. 또한 저자는 현대 중국에서의 여러 감염병의 유래와 유행에 대해 서술하면서 이른바 글로벌 히스토리라는 시각에서 중국의 감염병의 유행에 대해 소개하였고, 감염병 대책과 맞물린 정치 사회적 배경과 국제회의 등에 대해서도 서술하였다.

특히 저자는 감염병 유행과 대응은 단순한 의료적인 문제만이 아니며, 당시 사회의 모습을 짙게 반영함과 동시에 의료와 같은 감염병 대응을 통치에 적극 활용되었던 당시 제국주의 시대의 모습에 대해서도 부각하고 있다. 또한 코로나19시기 우리가 목도했던 공중위생과 사회적 격리와 같은 감염병 대응의 모습과 신체에 대한 국가와의 관계 등에 관한 민감한 문제 등이 이미 20세기초 동아시아 사회에 나타났다는 역사적 사실에 대해서도 알게될 것이다.

저자는 또한 일본제국주의가 중국대륙, 만주, 대만을 침략또는 지배하던 시대적 배경 속에서 일본인 의학자들의 활동을 추적하면서 동아시아 근대사에서 이들의 역할에 대해 나름의 의미를 부여하고 있다. 긍정적이건 부정적이건 일본인 의학자들이 당시 중국 등지에서 활동했던 역사적 기억을 되새기는 것이 이 책의 중요한 목적인지도 모른다. 식민지 조선의 감염병 문제와 같은 경우는 저자의 의도에 따라 빠져있지만, 대만과 중국 등에서 시행한 일본의 감염병 대응과 기조가 크게 차이나지 않을 것이다. 중국 대륙과 만주, 대만에서 이루어진 일본 식민지 의학과 제국의료의 모습을 비교해 본다면 조선의 감염병 대응에 대해서도 많은 시사와 특징에 대해 알게 될 수 있지 않을까 한다.

이 책을 통해 독자들은 동아시아 현대사 뿐만 아니라 감염병 대응이라는 것이 인류문명사에서 중요한 위치와 의미를 지니게 있다는 사실을 확인할 수 있을 것이다. 사회의 주거형태가 갈수록 밀집화되고, 초연결화되고 있는 현대사회에 감염병은 더욱 심각하게 발생할 가능성이 크다. 이런 관점에서 독자들은 동아시아 현대사에 처음 전개된 감염병 대응의 기억속에서 공중위생과 격리, 신체규제 등과 같은 민감한 문제와 함께 다양한 형태의 사회적 차별 등의 문제가 제기되었던 당시 사회의 모습을 보면서, 과거의 소중한 경험과 시사점을 얻지 않을까 생각된다.

지은이 소개

이이지마 와타루 飯島 渉

1960(쇼와 35)년 사이타마현 출생

1988년 도쿄학예대학 대학원 석사 과정 수료

1992년 도쿄대학 대학원 박사 과정 학점 취득, 같은 해부터 오사카 시립 대학 문학부 조수

1993년부터 요코하마 국립대학 경제학부 조교수, 교수

2000년 문학박사 취득(도쿄 대학)

2004년부터 아오야마가쿠인대학 青山学院大学 문학부 교수

2019년부터 현재 일한역사가회의 운영위원장 日韓歷史家会議 運営委員長

저서

『ペストと近代中国 - 衛生の「制度化」と社会変容 -』(研文出版, 2000)

『マラリアと帝国植民地医学とアジアの広域秩序』(東京大学出版会, 2005)

『感染症とたちの歴史・これから』(清水書院, 2018)

編著『シリーズ20世紀中国史』1~4 (東京大学出版会, 2009)

공저

『疾病・開発・帝国医療』(東京大学出版会, 2001)

『高まる生活リスク社会保障と医療』(中国的問題群, 岩波書店, 2010)

『衛生と近代 - ペスト流行にるアジアの統治・医療・社会』(法政大学出版局, 2017)

옮긴이 소개

이석현

1964년 부산 출생

1999년 고려대학교 박사학위 취득

2004년 경성대학교 전임강사

2010년 연세대학교 국학연구원 연구교수

2013년 서강대학교 인문학연구원 연구교수

2019년부터 조선대학교 인문학연구원 HK연구교수

조선대학교 재난인문학연구사업단
재난인문학 번역총서 08

감염병의 중국사 – 공중위생과 동아시아
(원제: 感染症の中国史)

초판1쇄 인쇄 2024년 2월 15일
초판1쇄 발행 2024년 2월 28일

기획	조선대학교 재난인문학연구사업단
지은이	이이지마 와타루(飯島 涉)
옮긴이	이석현
펴낸이	이대현
편집	이태곤 권분옥 임애정 강윤경
디자인	안혜진 최선주 이경진
마케팅	박태훈 한주영

펴낸곳	도서출판 역락
출판등록	1999년 4월 19일 제303-2002-000014호
주소	서울시 서초구 동광로 46길 6-6 문창빌딩 2층 (우06589)
전화	02-3409-2060
팩스	02-3409-2059
홈페이지	www.youkrackbooks.com
이메일	youkrack@hanmail.net

ISBN 979-11-6742-444-0 94300
     979-11-6742-222-4 (세트)